探寻中国文化之美

看懂青铜器

王 冕◎著

新华出版社

图书在版编目（CIP）数据

探寻中国文化之美：看懂青铜器 / 王冕著 .
— 北京：新华出版社，2022.10
ISBN 978-7-5166-6494-0

Ⅰ . ①探… Ⅱ . ①王… Ⅲ . ①青铜器（考古）– 研究 –
中国 Ⅳ . ① K876.414

中国版本图书馆 CIP 数据核字（2022）第 185738 号

探寻中国文化之美：看懂青铜器

作　　者：王　冕

责任编辑：蒋小云　　　　封面设计：马静静

出版发行：新华出版社
地　　址：北京石景山区京原路 8 号　邮　　编：100040
网　　址：http：//www.xinhuapub.com
经　　销：新华书店
　　　　　新华出版社天猫旗舰店、京东旗舰店及各大网店
购书热线：010-63077122　　中国新闻书店购书热线：010-63072012

照　　排：北京亚吉飞数码科技有限公司
印　　刷：北京亚吉飞数码科技有限公司
成品尺寸：165mm × 235mm　　1/16
印　　张：18　　　　字　　数：199 千字
版　　次：2022 年 10 月第一版　　印　　次：2022 年 10 月第一次印刷
书　　号：ISBN 978-7-5166-6494-0
定　　价：86.00 元

前言

别具一格的造型、匠心独运的装饰、镌刻故事与情感的铭文，以及高超的青铜冶炼与铸造工艺，都让青铜器成为当之无愧的国之重器，成为一个时代的象征。

纵然沉静肃穆的青铜器周身遍布斑驳的青色锈迹，但我们仍能透过这些锈迹，从青铜器的精美形制与纹饰中窥见千年前辉煌灿烂的青铜时代，去探寻青铜器背后所蕴含的工艺技法、社会制度、宗教礼法，以及社会文化等。

以器见史，以器探寻文化，当你凝望青铜器时，历史的大门也正向你缓缓打开。本书正是你了解青铜历史与文化的一把钥匙。

全书分三篇共九章内容，带你走进一个丰富多彩的青铜世界，让你认识青铜器、赏析青铜文物、理解青铜文化。

第一篇，包括第一章和第二章内容。带你穿越时空，溯源青铜器的产生与发展，见识青铜器的贵重与华彩，了解青铜器的铸造与装饰工艺，从青铜铭文中了解青铜器物的历史身份与文化内涵。

第二篇，包括第三章至第七章内容。一起赏析青铜器物，系统探寻伟大的青铜时代中灿烂、辉煌的青铜器，具体包括青铜礼器、青铜乐器、青铜饮食器、青铜兵器、青铜杂器，从这些丰富多彩的青铜器物中感悟中国青铜文化的博大精深，领略古人的青铜情怀和生活智慧。

第三篇，包括第八章和第九章内容。回望历史，探秘不同地域的独具特色的青铜文化，了解青铜文化背后的人类文明；从青铜雕塑瑰宝中，感悟青铜之美，了解青铜器的修复与保养知识，守护青铜器物，传承青铜文化。

全书内容丰富、图文并茂、深入浅出，将历史悠久的青铜文化与你娓娓道来。书中特别设置“探赏青铜”“心有所思”版块，使本书内容更具可读性与启发性。

阅读本书，畅享青铜文化之旅，在清丽亲切的语言中赏析青铜器物，感悟青铜文化，提高文化审美能力。

作　者

2022 年 4 月

目录

第一篇 流光溢彩，青铜文化的诞生

第一章

中国青铜器，典雅沉穆的华夏文明 / 003

什么是青铜器 / 005

“吉金”的贵重与华彩 / 013

滥觞于上古，兴盛于先秦，衰落于秦汉 / 017

精湛铸造工艺，融匠人之心，现器具之美 / 037

第二章

装饰与铭文，特色东方审美与智慧 / 045

独特且璀璨的青铜纹饰 / 047

青铜铭文，穿越时空，讲述历史 / 064

第二篇

铸造辉煌，空前绝后的青铜时代

第三章

青铜礼器：恭而有礼，藏礼于器 / 073

日用礼器 / 075

礼仪重器 / 086

礼葬器 / 097

第四章

青铜乐器：回音绵长，奏响东方韵律 / 103

恢宏编钟，改写世界音乐史 / 105

打击名器之编铙 / 112

其他青铜乐器 / 115

第五章

青铜饮食器：华美而别致的实用艺术 / 123

第六章

青铜兵器：红光紫气俱赫然 / 161

权力之器——钺 / 163

刀与剑 / 167

矛与戟 / 172

镞与弩机 / 175

第七章

青铜杂器：细微之处见证历史 / 181

青铜日用器 / 183

青铜货币 / 201

青铜信物 / 204

青铜度量衡 / 208

第三篇

以器见史，探秘与守护青铜文化

第八章

领略不同地域的青铜文化 / 215

气魄沉雄的中原青铜文化 / 217

魅力独特的云南青铜文化 / 223

古蜀青铜文化的未解之谜 / 229

第九章

赏析华夏瑰宝，感悟青铜之美 / 251

青铜雕塑艺术瑰宝 / 253

青铜器的修复与保养 / 266

参考文献 / 271

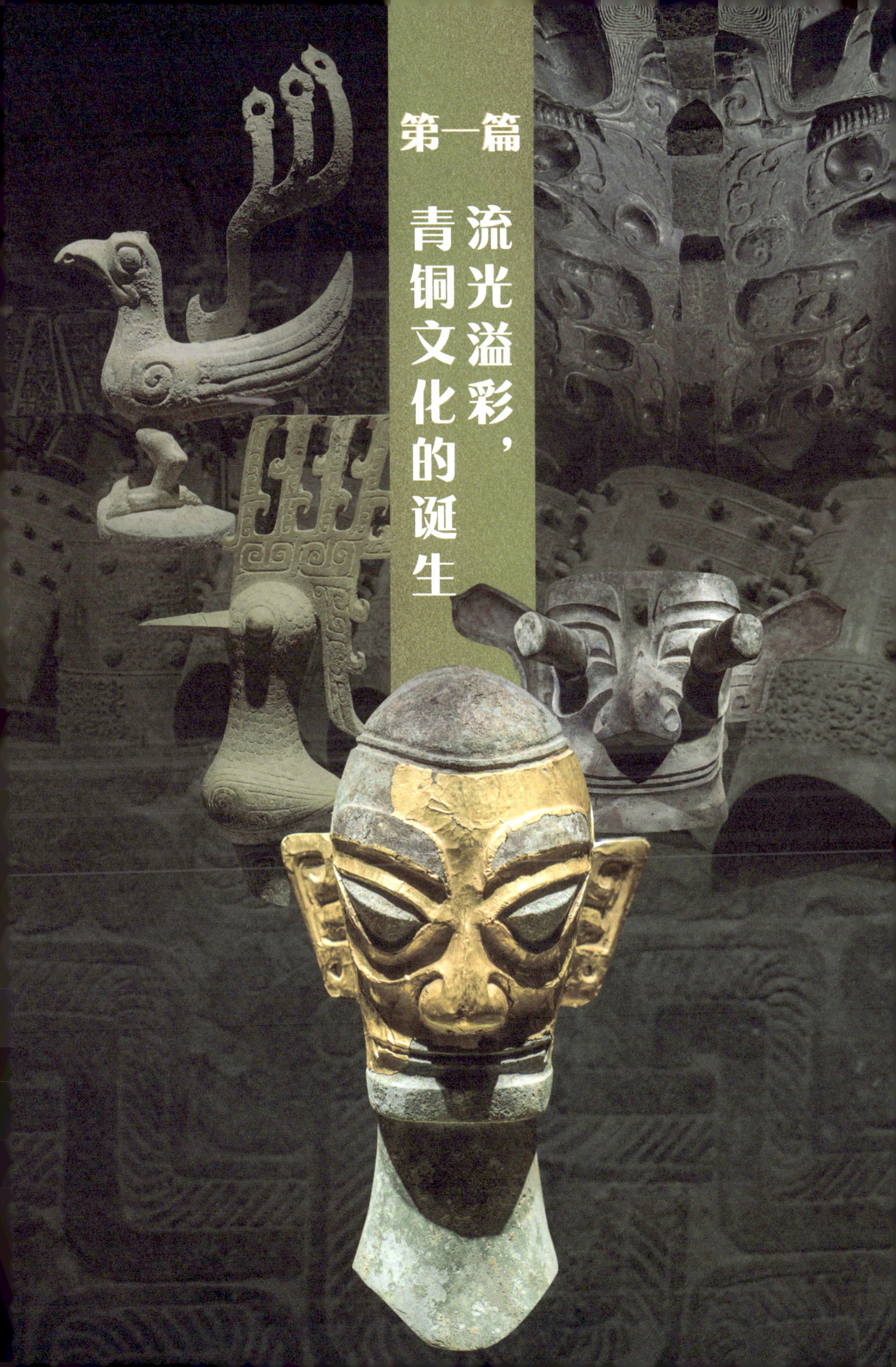

第一篇

流光溢彩，青铜文化的诞生

第一章

中国青铜器，
典雅沉穆的华夏文明

“国之大事，在祀与戎。”自上古至秦汉，古人掌握了高超的冶炼技术，这一时期出现了大量的礼器、兵器等青铜器具，这些重要的器具在当时社会具有重要影响，从帝王祭祀到百姓饮食，种类繁多、制作精美，开创了辉煌的青铜时代。

什么是青铜器

初识青铜器

青铜器，是以铜为主要原料，加入其他金属原料，经过对不同金属（主要是铜锡合金、铜铝合金）的精准配比控制，冶炼制作出的不同硬度与脆性的器物，有礼器、兵器、乐器、食器、水器、杂器等不同种类，用途不一而足。

现今出土的各类铜制器物，因年代久远器物表面产生锈蚀，呈现青绿色，故被称为青铜器。

目前，我国已发现的最古老的铜制品为黄铜残片，出土于陕西姜

寨遗址，距今大约有 6600 年的历史。[①]

青铜器的分类

从考古已经发现的各种青铜器来看，青铜器数量庞大、种类繁多、功用丰富，因此，从不同的角度来看，可以将青铜器分为不同的种类。

具体来说，根据不同器形，可以将青铜器分为三足目、圈足目等；根据不同功用，可以将青铜器分为兵器、容器、车马器等；根据所承载的不同文化意义，可以将青铜器分为礼器、生器、明器等。这些分类都有一定的科学性，但由于青铜器种类多样，上述分类中，无论哪一种分类方法，都不能囊括所有青铜器而形成完整的体系。

本书在充分考虑青铜器与传统礼仪、等级制度、社会生活的关系的基础上，从文化的角度出发，将青铜器大致分为礼器、乐器、饮食器、兵器（包括车马器）、杂器五大类。

---

① 王东育．金属工艺概述（节选）[J]．美术学报，2008（1）：82．

春秋战国大鼎（青铜礼器）

战国曾侯乙编钟（青铜乐器）

西周铜牛尊（青铜饮食器）

吴王夫差剑（青铜兵器）

汉雁鱼铜灯（青铜杂器）

“吉金”的贵重与华彩

青铜本色

单从原料来看，青铜器多用铜锡合金、铜铝合金制作，铜的含量高，颜色闪金，但由于在铜原料中加入的其他金属原料不同，青铜器本身的金色也会有所不同，一般来说，制作青铜器物所使用的原料中，如果铜的含量高，器物颜色为金色偏黄；如果锡的含量高，器物颜色为金色偏白。

因此，青铜器在刚被铸造出来的时候是金色的，金色正是青铜器的本色。

那我们现在所见到的大多数青铜器为什么会呈现出青色呢？这是

因为，经常被使用的青铜器，因保养得当，会保留其金色的本色，但很多出土的青铜器文物大都在地下沉睡了上千年，受到了严重的腐蚀而出现青绿锈斑，所以呈青色，青铜器这一名称正是由此而来。

青铜华彩

《史记·封禅书》记载："禹收九牧之金，铸九鼎。"《汉书·食货志》记载汉武帝奖励卫青"赏赐五十万金。"《左传》中提到"愍公二年，晋献公使太子申生帅师，公衣之偏衣，佩之金玦"，这些文献中提到的"金"其实是铜。

古人称铜为金，有一个重要的原因是铜有着和金一样的颜色。人们最开始使用铜制作器物，原料是自然铜，之后开始在铜原料中加入其他金属，利用合金铜来铸造器物。

青铜器也被称为吉金，这是因为用青铜铸造的

器物具有森严的等级象征意义，从天子到诸侯，不同身份等级的人所享有的青铜器的规格和大小是不同的，青铜器是重要的政治身份象征，是吉祥宝器。

古人视青铜器为吉器、神器、祭器，这些器物会在大型封赏仪式、大典、祭祀等活动中出现，是身份、荣誉、财富的象征，寄托着古人的美好祈愿。因此，这些青铜器物大多制作精良、技艺复杂而精美，为后世人惊叹和称赞。

如今，在看到一些保存较好的青铜器部分部件以及青铜器复原件时，我们可以想象出这些青铜器在刚浇筑成型时的迷人华彩。

战国错金银铜犀牛屏座

西周盠青铜驹尊

滥觞于上古，兴盛于先秦，衰落于秦汉

自夏至秦，前后延续近两千年，这一阶段是中国历史上辉煌的青铜时代。

从上古神话传说开始说起

青铜器究竟是从什么时候开始出现的，古人最初是如何知道青铜铸造之法的、青铜器最初的用途是什么……关于这些疑问，目前学术界还没有统一的说法，要探寻这些问题的答案，还需要更多的文献与考古发掘作支撑。

根据现有的文献和文物资料，本书认为，关于青铜器的起源最早可以追溯到上古时期。上古时期的一些关于青铜器的神话传说，能帮助我们探秘青铜器的起源。

 黄帝铸鼎

《史记·封禅书》记载："黄帝采首山铜，铸鼎于荆山下。鼎既成，有龙垂胡髯迎黄帝，黄帝上骑，群臣后宫从上者七十余人，龙乃上去。余小臣不得上，乃悉持龙髯，龙髯拔，堕黄帝之弓。"描述了黄帝在首山（今河南省内）铸鼎的故事。

 神农铸器

神农氏（一般指炎帝），相传是中国上古时期的一位颇具威望的部落首领。神农氏尝百草、教民播种五谷的传说是大家耳熟能详的故事，但神农铸造青铜器的传说却鲜为人知。

在《拾遗记》中有关于神农铸造青铜的记载："神农采峻岭之铜，以为器。"记录了神农氏采矿、冶矿、铸器的故事。

由此可见，在黄帝、炎帝时期，不同的部落均已经掌握了使用铜来制作青铜器的方法。

 蚩尤制兵

《太平御览》卷339引《尚书》提道："黄帝之时，以玉为兵。蚩尤之时，烁金为兵，割革为甲，始制五兵。"

《管子·地数篇》中记载："葛庐之山发而出水，金从之，蚩尤受

而制之，以为剑、铠、矛、戟。”

上述文献中所提到的“金”不专指黄金，泛指金属，很多人认为这里的“金”就是“铜”，蚩尤制作的兵器就是青铜兵器。

大禹用铜

《越绝书》记载：“禹穴之时，以铜为兵。”这句话的大致意思是，在大禹时代，人们在洞穴里居住，用铜制兵器打仗。

从黄帝时期出现铜器，到大禹时期使用铜制兵器，这有助于我们推测青铜器的早期起源与早期青铜器的发展演变过程，也说明早在夏商之前，中国就已经出现了青铜器。

根据上述史料，也许可以大胆推测出，大约在 5000 年前，充满智慧的中国先民们就已经开始使用铜器了。只是目前为止这一推测还有待进一步的考证。

夏商周，逐渐走向兴盛的青铜器

从现有出土文物来看，在夏商以前的仰韶时代（约公元前 5000 年—公元前 3000 年）和龙山时代（约公元前 2600 年—公元前 2000 年）就已经有了铜制品，如已经出土的刀、凿、鱼钩、戈、镞、爵、觚等铜制用具，这些铜制品是仰韶文化和龙山文化的重要组成部分。

当历史的脚步进入夏商周时期（约公元前 2027 年—公元前 256 年），青铜器制品开始得到更加广泛的应用，青铜时代辉煌的历史篇章在这一时期被揭开。

禹铸九鼎

夏朝是中国历史上第一个世袭制王朝，夏朝建立后，九州稳定，百姓富足，九州所贡之金年年积多，于是禹想效仿黄帝功成铸鼎，并为百姓所用，于是命人铸九鼎，取各州所贡之金，共铸造阳鼎六个，阴鼎三个，每个鼎上描绘各州山水、禽兽、仙怪等。

九鼎铸成后，迁至都城，象征王权，世代传承。后夏都几经搬迁，九鼎也随之被搬来搬去。此后谁觊觎王权，打探九鼎的尺寸、重量，君王便知此人有夺位之心。

自夏至周三朝，九鼎一直是国家政权的象征，谁拥有九鼎，谁就掌握了王权。可惜的是，目前出土的文物中尚没有发现这一时期的九鼎。

夏商时期，青铜铸造工艺逐渐成熟，这一时期的青铜器物已经基本脱离了陶制器物的影子，开始形成独有的青铜造型艺术，而且纹样装饰也非常丰富、精美。

商朝时期，祭祀活动频繁，大大小小的祭祀活动中都会使用到青铜器，青铜器也逐渐被赋予了礼器的身份。

商朝后期，青铜艺术达到第一个发展高峰，在我国各地（华北、东北）都发掘出土了大量的商代青铜器，西南（四川古蜀国）也出土了大量与商朝青铜器类似但又截然不同的青铜器（三星堆青铜文化），这些青铜器不仅体型大、品类多，而且制作精美、工艺成熟，具有丰富的文化内涵。

整个夏商时期，中国青铜器呈现出繁荣兴旺之势，青铜成为这一时期人们制作器物，尤其是制作重器的重要原料。

周朝（西周）建立之后，分封诸侯，建立了非常完善的礼乐制度（包括礼和乐两个部分），这一时期，青铜鼎作为重要的礼器和乐器，产量非常丰富。青铜器的体量、造型、数量等有非常严格的规定，具有严格的等级划分。

春秋战国（东周分春秋、战国两个历史阶段）时期，社会制度方面，诸侯争霸，旧的体制遭到破坏，新的体制逐渐形成；文化方面，百家争鸣，人们的思想、艺术、技艺在一定程度上得到了解放和发展。在这样的社会大背景下，青铜器逐渐脱离传统的“王权象征”，开始从贵族阶层走向民间，青铜器的用途日益生活化。

整个周朝，青铜器种类丰富，除了代表政治和等级身份的礼器、乐器，日用青铜器物也十分常见。

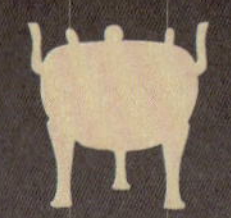

商兽面纹三牺尊

商鸱鸮卣

西周宁戈父丁盉

西周“侯母”螭耳夔纹铜壶

东周铜提链圆鉴

春秋“倗”铜浴缶

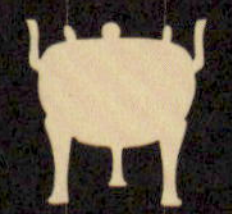

战国铜壶

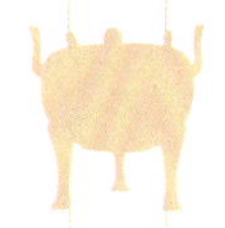

秦至汉初，令人瞩目的青铜成就

秦朝（公元前221年—公元前207年）是中国历史上第一个大一统的王朝，秦统一六国后，实行书同文、车同轨的制度，并统一度量衡，结束了春秋战国时期连年的纷争和战乱，国家和社会得以休养生息，有利于社会文化和技术的发展。

秦朝青铜器的日常化特征更加明显，百姓日用青铜器数量繁多。秦王朝存世较短，青铜器虽然并没有形成普遍性的、整个社会范围内的大变革、大进步，但是在出土的秦朝文物中，不仅陶俑的制作水平令人惊叹，青铜制作技艺水平也非常高超。秦始皇陵出土的两辆铜车马，与实物车马大小相当，看上去很逼真，不仅体量大，而且部件繁多、结构精细，这些特点都充分表现出秦朝令世人瞩目的高超青铜器制作工艺水平。

汉代青铜器的发展鼎盛时期主要集中在两汉之交，即西汉中期到东汉初期，这一时期，汉代青铜器发展最为辉煌。

与以往相比，汉代青铜器具有典型的形制特点和艺术特点，汉初的青铜器多为素器，较少使用装饰，后期的青铜器开始有了纹理装饰，但纹理也大多简单朴素，造型方面则富有变化，有很多青铜器造型精美、充满奇思妙想。

整体来看，在汉代，百姓所用日用青铜器数量进一步增多，青铜器的日常使用功能更加得到重视，还有很多反映社会生活的青铜器已经彻底摆脱了传统青铜礼器、国之重器的身份象征。

秦铜车马（一）

秦铜车马（二）

汉鎏金羊铜灯

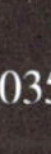

西汉七牛虎耳青铜贮贝器（作用同现代“存钱罐”）

青铜时代的结束

青铜时代的结束，与人们制作器物所使用原料的改变有着非常重要的关系。

随着时间的推移，铁器开始出现，与铜矿相比，铁矿更容易挖掘，而且铁的可塑性更高，因此，铁器逐渐兴起，青铜器的生产越来越少。

此外，至两汉时期，人口数量较以往大大增加，为防止民间私铸铜钱，官府掌握和限制铜矿的开采，这一时期，王公贵族们开始喜欢使用和佩戴各种金银器物以彰显身份。民间青铜原料少见，青铜器的铸造也越来越少，青铜时代随之慢慢终结。

精湛铸造工艺，融匠人之心，现器具之美

纯熟的雕刻工艺

青铜器的雕刻工艺精湛，有很多青铜器在制作过程中使用了透雕工艺，表现了古人青铜铸造工艺的纯熟。尤其是一些带耳的青铜器，多使用透雕工艺塑造构思巧妙、造型别致的青铜器耳，让人不得不称赞古人的艺术造诣之高。

先进的原料配比

早在先秦，古人就已经掌握冶炼铜矿和使用铜合金铸造青铜器的技术。不同的青铜器铸造，需要使用到的铜合金中铜和其他金属的配比不同，尤其青铜兵器的铸造更是如此，通过严格控制不同金属原料的比例，才能铸造出硬度合适的青铜器，才能满足不同青铜器的工艺需求。

“六齐”配方

战国时期的手工业指导用书《考工记》中记载了手工业的各种工种规范和制造工艺，表现了古人高超的科技与工艺水平。

《考工记》中有“六齐”配方，详细记录了打造不同器物的金属配比，让后人不得不惊叹于古人青铜冶炼技术的纯熟。掌握了“六齐”配方，也就掌握了不同青铜器物的制作秘密。具体如下。

制作钟鼎，需铜 85.71%，锡 14.29%。

制作斧斤，需铜 83.33%，锡 16.67%。

制作戈戟，需铜 80%，锡 20%。

制作大刃，需铜 75%，锡 25%。

制作杀矢，需铜 71.43%，锡 28.57%。

制作鉴燧，需铜 50%，锡 50%。[①]

精湛的造型艺术

青铜时代持续约 2000 年，现已出土数以万计的青铜器，这些青铜器是铸造工艺史上举足轻重的见证者，更是不同朝代的历史文化写照，值得后人去研究。

青铜器品类繁多，造型多样，既有体量庞大的鼎，亦有精致小巧的小件器物，即使是同一品类、功用的青铜器，如鼎、尊、壶、人像等，也会在造型上有各种变化，它们大小不一、纹饰丰富、造型各异，这些青铜器的出现充分展示了古人天马行空的艺术想象力。

① 李伯谦．青铜器与中国青铜时代［M］．合肥：中国科学技术大学出版社，2018：1．

西周晋侯鸟尊

战国人形铜灯及添油用的铜勺

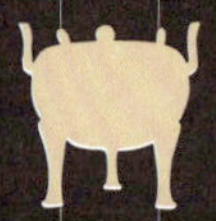

汉代鐎斗

青铜有绝美之色，历经千年岁月洗礼留下诸多文化烙印，让后世得以了解辉煌的青铜时代。

探寻青铜之源，认识青铜器的种类与功能，了解不同青铜器的器形与工艺，以及它们背后蕴含的深刻文化内涵，这正是青铜器的魅力所在。

认识青铜器精湛的铸造工艺，感悟古代工匠珍贵的匠人之心和非凡智慧，通过器物与古人对话，铭记一段青铜的历史，感受中国传统文化的博大精深。

第二章

装饰与铭文，特色东方审美与智慧

一件件青铜器自出土起，镌刻其上的富丽多彩的纹饰和复杂神秘的铭文便牢牢吸引住了世人的目光，它们镌刻和记录尘封的历史，是古人审美意趣的集中体现，带有青铜艺术的独特魅力。

青铜器之美，美在外观，更美在文化内涵。青铜纹饰和铭文背后所蕴含的历史背景、文化意蕴和丰富的美学原则更值得我们去探索与深思。

独特且璀璨的青铜纹饰

青铜器物表面复杂多样、精美璀璨的纹饰是青铜文化形成的重要标志之一。作为特殊的文化载体，青铜器纹饰反映了青铜时代的社会政治、经济、文化审美、宗教信仰等多方面的内容，更是早期人民智慧的结晶。

青铜器纹饰溯源与流变

1987 年，我国的考古学家们在贾湖新石器遗址中发现刻于龟甲、骨器上的契刻符号，有专家认为其是原始文字和传统纹样的雏形。贾

湖文化距今约 7000 多年，青铜器纹饰来源最早可追溯于此。

经过漫长的发展，中国青铜器于商周时期达到顶峰，而在这一过程中，青铜器纹饰风格亦几经流变。商王朝早期制作的青铜礼器造型凝重大气，纹饰简单，与夏王朝时期流行的青铜礼器风格一脉相承。到了商王朝中期，青铜器表面的纹饰、图案和布局都发生了很大的变化。兽面纹成为主流，纹饰布局也开始变得复杂起来。

到了商王朝晚期，青铜器上的兽面纹变得更为常见，经常作为主纹饰存在于礼器表面，而余下的空白处则被种类更加丰富、形式越发多样的其他类型的纹饰所填充，比如人面及动物形象的纹饰、几何形纹饰等，纹饰风格相较以往更加细密、复杂。

西周中期至东周初期，青铜礼器主纹饰出现兽面纹的频率大大降低，装饰形式也与早期不同，多运用二方连续的带状纹样，自有一股韵律之美。到了春秋战国时期，青铜器物表面的装饰纹样更为细密、精美，还出现了一些以宴乐、狩猎等现实题材为主的纹饰。

青铜器纹饰的分类

青铜器纹饰丰富多样，大致可分为神话纹饰、动物纹饰、几何类纹饰等。

神话纹饰

以神话为主题的纹饰中，常见的有兽面纹、龙纹和凤鸟纹等。

兽面纹又称饕餮纹。饕餮是神话传说中的一种极为贪吃的猛兽，它其实是古人融汇了各种猛兽特征，同时加上某些幻想元素想象出来的，早在距今5000多年前的良渚玉器上便可见到这一纹饰。到了商周时期，兽面纹大为盛行。这种纹饰特点鲜明，通常以正面兽首的形象出现，其头上有角，角下双目圆睁，给人以神秘、森严、狞厉之感，令人望而生畏。

兽面纹图案并不固定，几乎一器一形。有形似虎头、牛头、羊头或鹿头的，有形似鸱鸮首的，还有的是以多种动物交织的形象出现的，更为奇特的是人脸与兽脸共存的人面兽相纹。而这些兽面纹最大的相似点在于那双圆瞪着的突出的眼睛。

商周时期，青铜器龙纹装饰艺术也一度兴盛。龙，在我国古代传说里是一种神通广大、能呼风唤雨的神端动物，早在上古时期，便产生了龙图腾崇拜，商王朝继承了对龙的崇拜，龙纹也成为当时所制作的青铜器的主体纹样之一。凡是蜿蜒爬行、头上生角的蛇形动物都被归为龙纹，其中以夔龙纹最为特殊，其多表现为一角一足、口张开、尾卷曲上翘的侧面龙形形象。

具体而言，商周两代青铜器龙纹样式大致可分为五类，即卷龙纹、双体龙纹、两头龙纹、交体龙纹、爬行龙纹。[①] 其形态变化多样，

---

① 刘程. 商周时期青铜纹饰之图像隐喻[J]. 文艺争鸣，2010（4）：70.

商代青铜镈（牛角兽面纹）

既可以作为主要纹饰顺向排列，也可作为兽面纹的辅助纹饰出现在空白处，均能达到很好的装饰效果。

商周两代广泛流行的青铜器纹饰中，不得不提的还有凤鸟纹，它是凤纹与各种鸟纹形象、图案的总称。古人将凤视为高雅尊贵、象征正义的神鸟，对凤的崇拜并不亚于龙，正因如此，凤纹图案在中国古代装饰纹样中亦占据着较大的比重。

商代早期，青铜礼器上的凤鸟纹较为抽象，鸟的特点更为突出，尚不具备凤的特征。随着青铜制作工艺的提高，凤鸟纹的典型形象被勾勒得更清晰、更具观赏性，有的长翎、垂喙、垂尾，有的头戴华冠、长尾上卷，有的目视前方，有的作回首状，整体造型更为饱满。

动物纹饰

现实动物纹饰集中出现于商代晚期至西周早期，比如牛、羊、骡等牲畜类纹饰，虎、鹿、象、犀等野兽类纹饰，鸟、鸱鸮等飞禽类纹饰，鱼、龟等水生动物类纹饰，蛇等爬行动物类纹饰。

现实动物纹饰虽然种类繁多，却并不常见，多数作为辅助纹饰存在，有的呈现为局部造型，如虎耳、虎足、象足等。

在所有动物纹饰中，蛇纹盛行一时，随着制作工艺的精进，其在春秋战国时期成为青铜器主导性纹饰之一，蟠螭纹和蟠虺纹都属于蛇纹。

商代亚夫方罍（léi）（口部，凤鸟纹）

战国错金银铜壶（局部，几何纹，耳上作兽面）

西周盘龙盖罍（卷体夔纹）

商兽面纹虎耳虎形扁足鼎
（局部，鼎足为虎形）

春秋四蛇饰甗（肩四角各饰以盘蛇）

东周镂孔筒形铜投壶（蟠螭纹）

战国铜壶（蟠虺纹）

动物纹饰：写实和幻想的区别

青铜器纹饰中，幻想性动物纹饰虽然也具有动物的形貌，其呈现的手法却较为夸张，比如圆瞪的眼睛、极度上卷的尾巴等。有的幻想性动物纹饰由两种或多种动物的形象交织而成，总之，它虽然取材于现实，却又高于现实，是被艺术化了的动物形象。而写实性动物纹饰都是我们熟悉的、真实存在的动物。

幻想性动物纹饰给人以神秘威严之感，在商周时期一贯被用作青铜器的主导纹饰，而写实性动物纹饰则生动自然、富有浓烈的生活气息，主要是用作辅助纹饰。

几何纹饰

几何类纹饰，是由方形、圆形等几何图形，以及直线、曲线等简单线条规则排列形成的装饰纹样，看似直白抽象，内涵却十分丰富，既简约又复杂，自带一种形式美，极具艺术性。商周青铜器几何类纹饰中最具代表性的有窃曲纹、曲波纹、涡纹、云雷纹等。

窃曲纹的前身是凤鸟纹或龙纹，在西周中期十分受欢迎。《吕氏春秋》上有这样的描述："周鼎有窃曲，状甚长，上下皆曲"，也就是说，窃曲纹形似一个狭长的"S"或"C"形，纹饰两端要么向上回旋，要么向下回旋，这是其典型特征。窃曲纹一般被装饰在青铜器物的口沿等部位，给人以十足的韵律感，所以具有很强的装饰效果。

曲波纹又称为环带纹、山云纹，外形像是一条迎风飘摇的绸带或规律起伏的山峦，它能起到与窃曲纹类似的装饰效果，极具曲线美、动态美。

涡纹一般为圆形，形似水涡或太阳，故又称火纹。涡纹盛行于商周时代，主要作为辅助纹饰被装饰在鼎、瓿等青铜器具的腹部等部位。

云雷纹盛行于商代中晚期至西周早期，它是抽象了的云和雷，来源于古人对自然现象的细腻观察，通常用来衬托兽面纹、龙纹等。从外形上看，这种纹饰由连续回转的卷曲线条组成，较为柔和、呈螺旋形回旋的部分称为云纹，线条较硬、呈方形回旋的部分称为雷纹。

除了上述纹饰外，青铜器几何纹饰还包括斜线纹、连珠纹、圈带纹、百乳雷纹、曲折雷纹、三角雷纹、菱形雷纹、网纹等。

其他纹饰

其他纹饰还包括植物纹饰、非生物纹饰以及春秋战国时期较为流行的生活场景类纹饰等。其中植物纹饰极少出现，典型的非生物纹饰有羽纹、贝纹等。羽纹又称浪花纹，一般以格纹为界格，具有精细、繁密的风格特点，与蟠虺纹同时流行。而贝纹出现的时间较晚，一直

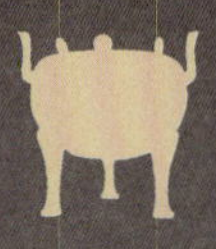

作为辅助纹饰使用，一般被装饰在青铜器具的圈足部位，在春秋战国时期很是常见。

青铜器生活场景类纹饰的主题包括战争、狩猎、乐舞、宴饮等，很是鲜活生动，具有极高的史料价值。

春秋铜簋（窃曲纹）

东周兽首提梁黑陶盉（云雷纹）

青铜铭文，穿越时空，讲述历史

随着一些青铜器物出土重现世间，器身上那些或清晰或斑驳的字符将尘封的往事重现在人们眼前。这些字符就是青铜铭文，它将汉字的意蕴之美展现得淋漓尽致。

铸铭风尚的形成

西周时期的青铜器大多器形精美，纹饰奇特而又富有魅力，在一些青铜器物上还铸刻有字体浑厚、意蕴苍茫、带有记事性质的铭文，这是人们对于青铜铭文最初的印象。

古人称铜为金，所以青铜铭文又被称为金文、钟鼎文。相比纹饰，青铜铭文出现的时间较晚，直到殷商后期才大量出现，到了周朝又有了显著的发展。

最初，铭文被铸刻于青铜器的底部、腹内壁等不显眼的地方，是古人用来祈求神灵、祭拜祖先的重要媒介，随着社会的发展，人们赋予了青铜铭文越来越多的社会功能，比如记载训诰、律令、讼辞、盟誓、出使以及乐律等诸多内容[①]。周朝的统治阶级对青铜铭文越来越重视，铸铭的风气越来越盛。

总体而言，铭文的出现与铸刻风气的形成都有赖于商周时期社会生产力的大幅提升以及青铜器制作技术的日益成熟。青铜铸铭风尚一直延续到春秋时期，到了战国时期，刻铭渐渐取代了铸铭。

青铜铭文有着极其重要的史料价值和艺术价值，作为现代社会研究商周文化的桥梁，它跨越古今，引发了世人的无限遐思。

书体之美里蕴藏历史变迁

不同时期的青铜铭文有着不同的书写特点和艺术风格。殷商时期的青铜铭文字数极少，从字体和书法的角度去分析，其应是承袭于甲骨文，呈现出明显的象形性，如商代晚期的四祀邲其卣，器物底部铸

① 陈彦辉．商周青铜铭文文体论[J]．文学评论，2009（4）：80．

西周毛公鼎内壁铭文

有铭文 42 字，虽然笔画雄健浑厚、十分生动，字体却大小不一，仍旧保持着甲骨文的结构和用笔特点。

西周早期的青铜铭文还未突破殷商的风格，留有不少甲骨文的字法和笔法，但在谋篇布局等方面有了不小的进步。而且铭文的题材也变得越发广泛，字数也越来越多。

从西周中后期开始，青铜铭文的书体艺术正式进入了成熟期，长篇铭文的数量更多，且涉及题材广泛。散氏盘、追簋等青铜器上所铸刻的铭文，其字体笔画更为流畅、圆润，整体布局工整有序，极富审美价值。

到了春秋战国时期，从字体笔法和整体布局上看，有的青铜铭文已经展现出小篆的书写特点。这一时期的青铜铭文更为随意率性、富于变化，比如 1961 年出土的庚儿鼎和 1979 年出土的王子午鼎，两鼎皆是春秋时期的青铜器，鼎上铭文字体排布稀疏，呈现出明显的装饰化倾向。著名的中山王铁足铜鼎是铭文字数最多的一件战国时期的青铜器，铭文字体遒劲修长，笔法雄健流畅，让人啧啧称叹。

青铜铭文仿佛历史的记录仪，记载了内容各异的历史事件，以毛公鼎为例，西周晚期的毛公鼎内壁铸有铭文约 500 字，是现今发现的青铜器铭文中最长的一篇。铭文内容可分为七段，讲述了这样一段历史：周宣王心怀抱负，想要重整朝政、强盛国家、造福人民，他即位后就请叔父毛公辅佐自己治理国家，毛公兢兢业业，将大小政务处理得井井有条，周宣王深感毛公的忠诚与勤勉，赞其大公无私，并颁赠命服，给予重赏，毛公深感荣耀，因而铸造此鼎传示子孙永宝。

神秘莫测的兽面纹、繁密的蟠螭纹和蟠虺纹、形简意丰的窃曲纹和云雷纹……不同时期的青铜器纹饰展现出不同的时代特色，带给世人或古朴静穆，或威严狞厉，或自然生动的艺术美感。

分析青铜器纹饰的溯源与流变，了解青铜器纹饰的分类，有助于理解青铜器纹饰既来源于现实又高于现实的创作特点和蕴藏其后的浓烈的人文色彩。

集图画与文字于一身的青铜铭文进一步加强与补充了青铜文化的表达功能，了解商周铸铭风尚的形成背景、认识青铜器铭文书体艺术风格的演变过程，在欣赏青铜铭文字体美的同时，更能从铭文的字里行间了解青铜器背后的历史文化。

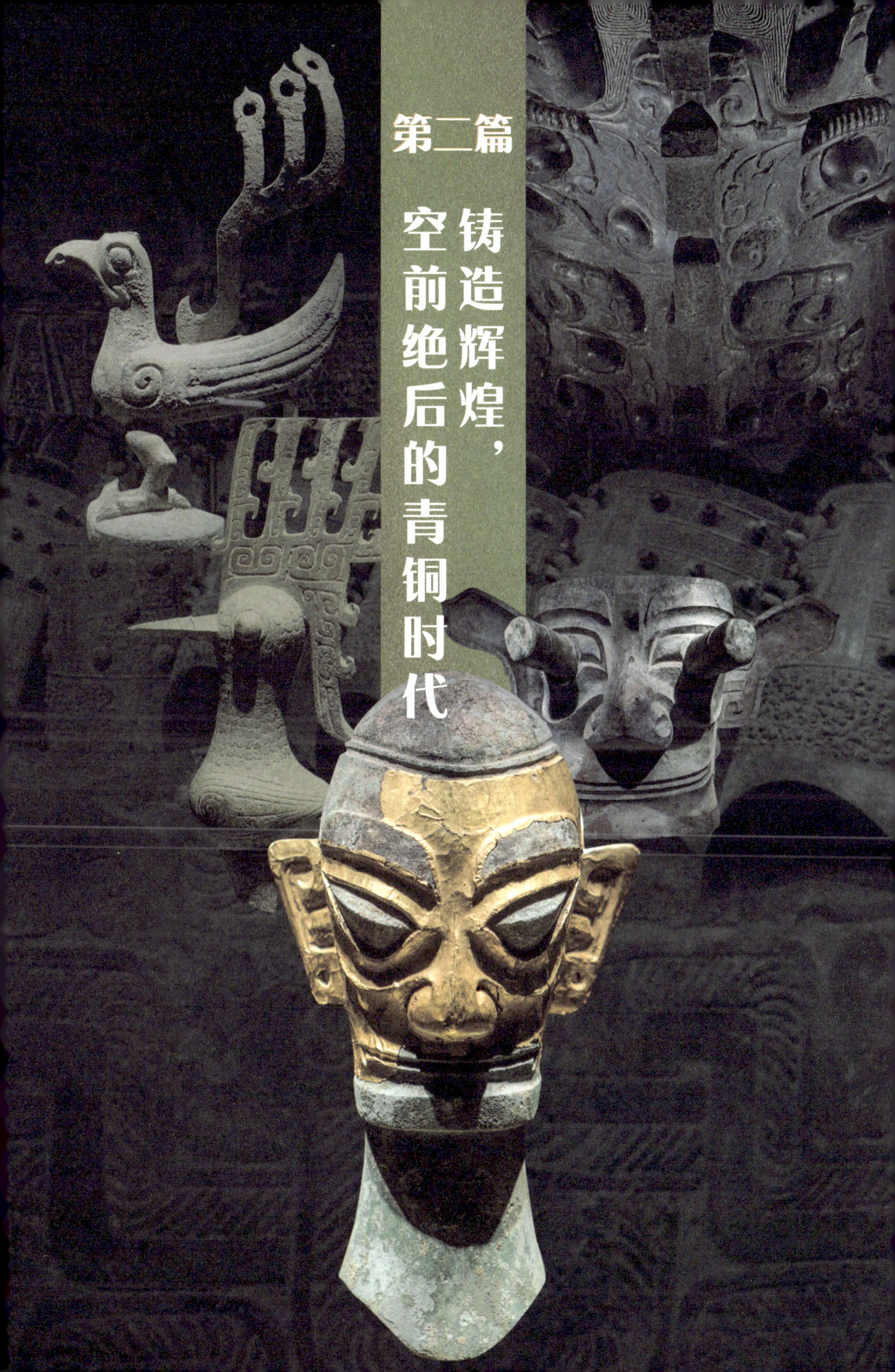

第二篇

铸造辉煌，空前绝后的青铜时代

第三章

青铜礼器：恭而有礼，藏礼于器

在灿烂辉煌的青铜时代，青铜礼器是浓墨重彩的一笔，古人将敬畏、祈福之心融入青铜礼器，以具象化的器物表述心意，这也赋予了青铜器深厚的文化内涵。

赏析不同青铜礼器，了解不同青铜礼器背后的社会文化，一起探寻蕴藏在青铜器背后的礼制、礼法。

日用礼器

青铜礼器身份演变

远古时期，由于人们的认知具有局限性，因此对天地、对鬼神充满敬畏，在各种祭祀活动中，都表现出对未知事物的“礼敬”。夏商周时期，人们对未知事物的“礼敬”发展为社会秩序、社会行为的“遵礼”，由此构建了自上而下的礼制与礼法，用以约束贵族和百姓的行为。

在礼制、礼法的约束下，不同身份地位的人所使用的青铜器有着明显的等级差异，一些青铜器会在特定的场合出现、被特定身份的人（统治者和贵族）使用。

《千字文·全文》中说：“乐殊贵贱，礼别尊卑。”意思是说，音乐、礼节要根据人们的身份地位的不同而有所变化。夏商周时期，在当时青铜材料有限的条件下，统治阶级并没有将青铜原料用于生产，而是垄断青铜原料用以铸造精美的饮食器以满足自我奢侈、享乐的生活需求，只有贵族才能使用精美的青铜饮食器，以此彰显统治阶级尊贵的社会地位。这正是社会礼制、礼法在日常生活中的具体体现。

青铜作为贵金属，只在祭祀场合和上层贵族的生活中出现，于是这些青铜饮食器成为贵族“特供”和礼制物证，它们在传统礼制社会文化背景下有了新的身份，成为礼器。

常见青铜礼器

爵

大多数青铜礼器是从青铜饮食器演变而来的，爵便是其中之一。

爵为饮酒器，在先秦时期，只有贵族得以享用，不是日常百姓可以使用的，可见古代贵贱有别的思想也体现在日常生活中。有学者认为夏代铜爵是中国青铜酒礼器之源。[①]

西周应事爵是出土于应国（今河南省内）的一种祭祀爵，它通体

---

① 高西省. 夏代铜爵：中国青铜酒礼器之源[J]. 寻根，2006（2）：81-84.

浑厚，无鋬（pàn，器物上手提的部分），内壁的六字铭文“应事作父乙宝”说明了它的身份：它是应国的使者（“应事”读为“应使”）为祭祀父亲而铸的铜爵。

斝、角

斝（jiǎ），三足，一鋬（耳），两柱，圆口，用以调酒、温酒，是祭祀活动中的灌酒器，属于青铜礼器。商汤王打败夏桀之后，将斝定为御用的酒杯。

角，与爵相似，口沿无柱，一般有盖，是下级官吏使用的饮酒器。

因地位不同，王用斝，诸侯用角。

尊

尊，今作樽，圆腹或方腹，长颈，敞口，是商周时期的大中型盛酒器，春秋之后罕见。

“尊”字有“尊贵、尊敬、地位或辈分高”的意思，尊作为器物名称足以说明其礼制地位的重要性。

作为青铜礼器之一，除了基本敞口形制外，尊也有牲畜、鸟兽状，《周礼·春官·司尊彝》记载：“春祠夏禴，祼用鸡彝鸟彝……追享朝享，祼用虎彝蜼彝。”这些动物形制的尊，纹饰华丽，有尊盖，统称“彝”。

下面重点来认识以下几个具有代表性的尊。

西周应事爵

西周“晨肇贮”铜角

四羊方尊

四羊方尊是商代晚期在祭祀时使用的青铜礼器，它高 58.3 厘米，重 34.5 公斤，正方形口，每边边长 52.4 厘米。尊的四角分别有四只卷角羊头，尊体装饰有蕉叶纹、三角夔纹、兽面纹、龙首，分两次铸造而成，先铸羊头与龙头，再整体浇铸。

四羊方尊不仅体型大、重量重，而且铸造工艺高超，被史学界誉为“臻于极致的青铜典范”。[①]

妇好鸮尊

妇好鸮（xiāo）尊，出土于河南殷墟妇好墓，为一对尊，造型是站立的鸮（猫头鹰），双足和尾支撑，构思巧妙。尊体纹饰精细繁复，有蝉纹、羽纹、倒夔纹、兽面纹，体侧各饰一条双首怪夔，双翅装饰卷曲长蛇，纹饰及铸造工艺非凡。

---

① 刘萍．“四羊方尊”首次出土地在河北？[N]．河北日报，2012-09-04．

商四羊方尊

商妇好鸮尊

妇好与妇好鸮尊

妇好鸮尊更令人赞叹的还是其背后的文化意义。古人常以动物为图腾，鸮敏捷、勇猛，是古图腾之一。

妇好是中国第一位有文字记载的文武双全的巾帼英雄。妇好是商王武丁的妻子，更是一位有勇有谋的女将军，她主持祭祀、参与国事，多次征战沙场。

妇好鸮尊内壁铸有“妇好”二字，因此而得名，以鸮为形制，也说明了该尊的主人妇好聪慧、勇猛，令人敬畏。

有一种比较流行的观点认为，妇好鸮尊正是妇好在某次出征前祭祀占卜所用的礼器。

何尊

西周何尊出土于陕西省宝鸡市，尊高 38.8 厘米，口径 28.8 厘米，重 14.6 公斤，圆口，棱方体。尊体浑厚大气，腹足有兽面纹，浮雕装饰，工艺精美。

何尊有 12 行 120 余字铭文，记录了周成王建都城、治天下、赏赐何（人名）的事情，何尊就是为纪念这些事情专门制作的祭祀礼器，其中有“宅兹中国”的文字记载，这是目前历史上最早出现的关于“中国”的文字记载。

日己方尊

日己方尊出土于陕西省宝鸡市，高 29 厘米，重 8.75 公斤，圆口，方体，四角有高扉棱，装饰有蕉叶纹、夔纹（颈部），饕餮纹（腹部），鸟纹（足部）。

根据尊内铭文记载，日己方尊是一名天族人（殷商后裔）为自己的父亲所铸造的礼器。

西周何尊

西周日己方尊

礼仪重器

问“鼎”天下

《说文解字》中说：“鼎，和五味之宝器也。”鼎，最初是以饮食器的身份出现的，夏禹时期，大禹治水，察山河，定九州，铸造九鼎，鼎由此演化为祭祀和礼仪重器，承载国事。

《史记·楚世家》中记载：“楚子伐陆浑之戎，遂至于洛，观兵于周疆。定王使王孙满劳楚子。楚子问鼎之大小轻重焉。”大意是说，楚庄王带兵打仗，把战场一直推到洛水边上，然后带领士兵列队示威，周王派人慰劳，楚庄王却问有关于鼎的事情，想要将鼎挪到楚地去，这也就意味着有夺权之心，这便是楚王问鼎的故事，此后，“问鼎”有了“夺权”的意思。

鼎，在铜作为贵金属的青铜时代不仅用料多、用料贵，更是承载了传统祭祀文化、集权礼制的重要器物，可以说，在青铜时代，鼎是王权的象征，是国之重器。

青铜鼎的基本形制

青铜鼎的形制基本分为两大类，一类是三足圆腹双耳，一类是四足方腹双耳。不同的鼎的外观不一而足。

一些日常用鼎主要用作饮食器，炖煮或盛放肉食，多有盖；祭祀用鼎往往需要耗费大量的人力物力，此类鼎体大量重、浑厚大气、内刻铭文、装饰精美，是重要的祭祀礼器，为国之重器。

商兽面云雷纹四足圆鼎

东周牛形钮盖鼎

春秋三足铜鼎

战国提链小口铜鼎

青铜大鼎，国之重器

目前所出土的青铜鼎中，以下几个青铜大鼎可谓是“鼎鼎有名”，下面逐一来认识一下它们。

司母辛鼎

司母辛鼎，出自殷墟妇好墓，是一对两件方鼎，为殷墟博物馆的镇馆之宝。

司母辛鼎高 80.1 厘米，口径长 64 厘米，宽 48 厘米，四足，立耳，直腹平底，长方形口，鼎身饰有兽面纹、雷纹、龙纹，兽面醒目，是商代少见的大型青铜器。

“辛”和“妇好”是同一个人，“妇好”是生前称谓，“辛”为死后供奉的庙号。司母辛鼎口下内壁刻有铭文“司母辛”字样，该鼎是子女为纪念亡母所铸之鼎，典雅大气，是殷墟青铜器中的重要礼器代表作。

大盂鼎

大盂鼎，西周早期青铜礼器，是中国首批禁止出国（境）展览文物，现收藏于中国国家博物馆。

大盂鼎高 101.9 厘米，口径 77.8 厘米，重 153.5 公斤，三足，立耳，敛口，宽腹，周身装饰有云雷纹、饕餮纹，造型雄浑，气势雄伟。

商司母辛鼎

大盂鼎内壁铭文（291 字）记载了周康王训诰贵族盂的事，讲述了周文王、周武王立国的故事，告诫盂要效仿先祖，忠于王室；同时，盂为了纪念祖父，铸此鼎，该鼎具有非常高的史料研究价值。

大克鼎

大克鼎，西周中期青铜礼器，首批禁止出国（境）展览文物，现收藏于上海博物馆。

大克鼎高 93.1 厘米，口径 56 厘米，重 201.5 公斤，三足，立耳，周身饰有变形兽面纹、小兽面纹，纹样连续反复，静中有动，整体造型大气，庄严厚重。

根据铭文（290 字）记载，克为了歌颂周天子、祭祀祖父师毕父，铸大克鼎。

毛公鼎

毛公鼎是西周晚期青铜礼器，现收藏于中国台湾省台北故宫博物馆。

毛公鼎高 53.8 厘米，口径 47.9 厘米。三足，立耳，深腹，纹饰简洁朴素，整体造型端庄稳重。

毛公鼎的内壁有近 500 字铭文，是目前所发现的铭文内容最多的青铜鼎，详细记录了毛公为了歌颂、感恩周王而铸鼎的事情。

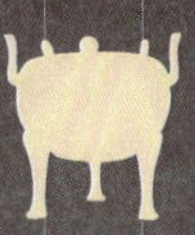

西周大盂鼎

西周大克鼎

西周毛公鼎（修复图）

王作鼎

王作鼎，东周青铜礼器，现收藏于洛阳博物馆，有学者认为，它的主人是东周第一代天子——周平王，是东周最高等级的鼎。

王作鼎高约 30 厘米，口径 49.6 厘米，三足，立耳，短折沿，鼎身饰有重环纹，造型古拙沉静。

东周王作鼎

礼葬器

青铜器在先秦时期是王公贵族的重要礼器和日常饮食器具，象征着王公贵族的特殊身份地位，在他们去世之后，子孙往往会在墓葬中放入墓主人生前使用过的青铜器，或铸鼎记事，或铸造其他青铜器用以陪葬，这些陪葬品表达了后世子孙对先辈的感恩、怀念。

除了规格和等级较高的青铜鼎，从青铜器的功用分类来看，青铜时代的礼葬器还包括青铜乐器、饮食器、兵器等。这里着重介绍以下两种比较典型的作为礼葬器的青铜器。

西周青铜罍

西周青铜罍是在我国四川地区出土的一个流行于中原地区的青铜罍，中原地区的青铜器出现在川蜀着实令人好奇和兴奋。

从装饰来看，该青铜罍器身装饰有中原地区周人常用的卷龙纹和牛纹，造型精美，有学者推测，此青铜罍是古蜀国参与中原地区的灭商行动时获得的“战利品”，可见，早在西周时期，中原文化、蜀文化就有了密切的交流。

曾仲斿父青铜壶

曾仲斿父青铜壶是一对青铜方壶，分别收藏于湖北省博物馆和国家博物馆。

该壶高 66 厘米，长颈，体型扁方，壶身装饰有两个伏兽衔环、环带纹、莲花瓣，是典型的春秋青铜壶。

根据壶内壁铭文“曾（仲）斿父用吉金自作宝尊壶”可知，曾仲斿父青铜壶是春秋时期曾候的次子斿父铸造的，伴随此壶出土的还有九鼎七簋，说明了墓主是诸侯级别，但僭越使用天子之礼，反映了周后期“礼崩乐坏”的现象。

西周青铜罍

曾仲斿（yóu）父青铜壶

从日常器物到象征尊贵身份地位的礼器，青铜器在夏商初期就完成了这一重要的身份转变。

不同的青铜礼器反映了不同时期的社会政治、文化、礼制和礼法，这使得青铜礼器的形制、装饰表现出不同的风格与特点，但毫无疑问，无论哪一种青铜礼器，都能为后世人了解该器物所在的时代打开一个文化窗口。通过赏析大气庄重的青铜礼器，我们可以进一步了解青铜礼器背后的礼制、文化。

第四章

青铜乐器：
回音绵长，奏响东方韵律

《尚书·尧典》中记载：“诗言志，歌永言，声依永，律和声。八音克谐，无相夺伦，神人以和。”早在上古时期，中国先民的生活中就有了音乐创作与赏析。

青铜乐器是夏、商、周三代最主要的音乐载体，是先民们音乐创作的重要物证，掀开了中国音乐的华美篇章。

恢宏编钟，改写世界音乐史

金奏之音，黄钟大吕

编钟主要分为甬钟和钮钟两种。甬钟上部有长条状的柄，柄上有挂环可供悬挂，因为吊起来是倾斜的样子，称侧悬。钮钟以钮代甬，可以用绳索穿过钮直接进行悬挂。

将各种钟按照一定的次序悬挂在钟架上，用木槌击打，可以形成不同的音阶。音的高低和钟的大小直接相关，体积大的钟音调低，声音浑厚深沉，体积小的钟音调高，声音清冽透亮。

编钟产生于商周时期，盛行于春秋战国，直至今日依然在使用中。

编钟一词最早见于《周礼·春官宗伯》，其中有“磬师掌教击磬、击编钟，教缦乐、燕乐之钟磬”之句，磬师是一种乐官，在音乐集体演奏活动中，专门负责击编钟。

由此可以推断，早在周时，编钟就已经有了较为成熟的音列和编列，能够被用于正式场合的音乐演奏了。

古人将宫、商、角、徵、羽划为五声，将金、石、土、革、丝、木、匏、竹划为八音，编钟属于“金”音，为八音之首。《周礼》中有“钟师，掌金奏”“凡祭祀，鼓其金奏之乐”等句，可见编钟在这一时期的音乐演奏中占有重要地位。

编钟一般为三枚一套或五枚一套，到西周时钟的数量逐渐增多，出现八枚或九枚一套的钟，最多的可达十三枚一套。

西周铜钟

编钟作为先秦时期礼乐制度的重要载体，一般用于王室贵族祭祀、祈福或宴请宾客等大型活动，是身份和地位的象征。

周时期实行“乐悬”制度，即诸侯、士大夫等不同阶层者，使用钟磬类乐器的规格应遵循严格的规定。《周礼》中记载了不同等级的人对编钟的使用规则：“正乐县（‘县’通‘悬’）之位，王宫县，诸侯轩县，卿大夫判县，士特县”，大意为，周天子是宫悬，可以悬挂四面的编钟，之后依次减少，到士就只能悬挂一面了。

东周末年，礼崩乐坏，乐悬制度不能再约束各诸侯了。曾侯乙编钟有三层八组，规模很大，然而曾侯乙只是一个诸侯国的国君，并且曾国的国力并不强盛，可见当时周的礼乐统治已经名存实亡了。

一组战国（楚）编钟

中华瑰宝——曾侯乙编钟

1978 年，湖北随县曾侯乙墓中出土了我国现存最大、保存最完整的一套大型编钟。

曾侯乙编钟是一套完整的编钟，这套编钟由大小不同的甬钟、钮钟组成，共计 65 件，悬挂在三层钟架上。支撑钟架的立柱是由上下相接的铜人构成的。

曾侯乙编钟里有一个钟，体型较大，立在最下层的甬钟之间，似乎自成一派，实际上这是一个镈，根据钟上的铭文可知，这个镈是楚惠王赠予曾侯的，以示两国交好。

曾侯乙编钟的每一个钟上都能敲出两个准确的音，这一现象被称作“一钟双音”，这也是中国的编钟所独有的特点。

“一钟双音”产生的原因在于编钟的特殊构造——合瓦结构。编钟不是简单的圆形开口，而是像两块瓦片上下合在一起，中间有棱，这样就对钟做了两个分区，敲击钟的一侧，另一侧的振幅很小，几乎可以忽略不计，这样钟的两侧就可以分别敲出两种不同的音了。

曾侯乙编钟出土之后至今共奏响过三次。第一次是在出土三个月后的建军节；第二次是在 1979 年，为庆祝中华人民共和国成立三十周年；第三次是在 1997 年，为庆祝香港回归。

“大音希声，大象无形”，曾侯乙编钟虽藏于地下数千年之久，然其音质不曾被时光磨损，高音清亮，低音雄浑，错落有致，悠远和谐，世人也得以听到千年前的古乐之声。

曾侯乙编钟作为中华之瑰宝，在我国音乐发展史上占有重要地位，证明了我国早在战国时期就已经拥有了完备的音律体系，打破了我国的七声音阶源自西方的说法，改写了世界音乐史。

此外，曾侯乙编钟作为世界上为数不多的、体系完备的钟类乐器，为钟类乐器的研究提供了样本，也推动了世界音乐的发展。

战国曾侯乙编钟

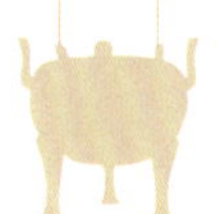

曾侯乙编钟细节图一

曾侯乙编钟细节图二

曾侯乙编钟的音律之妙

中国古人把宫、商、角、徵、羽称为五音，加上之后出现的变宫、变徵之音，构成七声音阶。音阶不同，调式不同，以宫为音阶起点的是宫调式，以商为音阶起点的为商调式。

律，原指用来定音的竹管，用竹管吹出十二个高低不同的标准音，称作十二律。十二律分为阴阳两类，奇数六律为阳律，偶数六律为阴律。《礼记·月令》中有“孟春之月……其音角，律中大蔟”“季冬之月……其音羽，律中大吕”等语，是将音律和月份结合起来，规定了不同的时节适用的音乐。

曾侯乙编钟拥有完善的音律体系和标准的音准，是我国十二乐音体系中最早具有半音音阶关系且十二个半音齐备的乐器。此外，曾侯乙编钟的音域宽广，有五个八度，只比现代钢琴少一个八度。这一发现进一步佐证了我国古时起便有了七声音阶的说法。

打击名器之编铙

《周礼·地官·司徒》中有“以金铙（náo）止鼓”的记载，另外《周礼·夏官·司马》中有“鼓戒三阕，车三发，徒三刺，乃鼓退，鸣铙”之句，郑玄注曰：“铙所以止鼓，军退”，古人在行军时通常会击鼓来鼓舞士气，在退军时击铙止鼓，表示退军。这里使用的铙基本都是大铙，体型巨大，声音浑厚悠远。

1974 年，江苏江宁东村出土了一件青铜兽面纹铙，是商代末期的大铙。这件铙高约 46 厘米，开口朝上，呈椭圆形，有一执柄与内腔相通，执柄有 19 厘米。铙上刻着由卷云纹组成的兽面。

编铙由大铙演化而来，在外形上与大铙相似，但编铙的功能与大铙不同，编铙主要用于音乐演奏。

编铙体型较小，大的不过几千克，小的只有几百克，一般在 10

到 25 厘米之间，通常三个一组，按大小排列，使用时铙口向上放在木桩上，敲击铙口，发出声音。

编铙沿用了陶铃扁圆腔体的结构，具备了合瓦形结构的基本形态，是中国较早出现的有定音编组的乐器，与编钟有着明显的发展演进关系。

1976 年 5 月，安阳妇好墓中出土了五件一组的编铙，是目前出土的商代编铙中组成件数最多的一套。五件编铙形制、纹饰基本相同，大小相次，器身两面饰有回字形纹路，出土时有两件已经破裂，其余三件尚可测音。

商兽面纹铜铙

商云纹铜铙

妇好是商王武丁的配偶，在商王室中地位极高，死后有独立的墓葬。由此可以推断，编铙与编钟一样，都是王室贵族会使用到的打击乐器。

西周后期，编铙逐渐被甬钟所取代，使用次数逐渐减少，编铙的数量也逐渐减少了。

商编铙

其他青铜乐器

铃

铜铃是我国最早出现的有舌的青铜乐器，主要通过铃舌摇动而发声，声音清脆悦耳。

铜铃由陶铃演变而来，继承了陶铃的合瓦结构，二里头文化时期已有铜铃，洛阳偃师二里头文化遗址先后出土过四只铜铃。目前我国发现最早的铜铃是山西襄汾陶寺遗址出土的，在青铜乐器史上具有划时代的意义。

铜铃的体积较小，便于携带，除了用于演奏音乐之外，在日常生活中也经常被使用，《诗经·载见》中就有“龙旂阳阳，和铃央央”

之句，是将铜铃系在了马车和旗子上，使铃随风而响。

三星堆铜铃

镈

镈（bó）是打击乐的一种，起源于西周，盛行于东周。《周礼》记载：“镈师掌金奏之鼓。凡祭祀，鼓其金奏之乐。飨食、宾射，亦如之。”郑玄注曰：“镈，如钟而大。”镈是一种外形和钟相似的打击乐器，体型较大，在王室贵族祭祀、宴请宾客时使用。和钟不同的是，镈多为平口，器身横截面为椭圆形，钮部多有纹饰。

1978 年 1 月，陕西宝鸡几位村民在一处地窖中发现了几件青铜器，其中有大小相似的三件镈。其中最大的一件通高约 75 厘米，重约 62 公斤。这件镈上有铭文，主要记载了镈主人的先祖秦襄公、宪公等人的功业，由此推断镈的主人为秦武公，这个镈也被称为秦公镈。

春秋秦公镈

錞于

錞（chún）于最早被用于战争中，《周礼》中有“以金錞和鼓”的记载，之后錞于作为乐器被用于贵族的祭祀、宴飨等活动中。

錞于的形状和筒很像，上大下小，顶部有钮，可以悬挂。因为古人崇尚虎，所以錞于多做虎钮。錞于的演奏方法主要有两种，可以敲击，也可以直接用手拍打。

战国虎钮錞于

鼓

在古代，鼓可以在作战、祭祀、田猎等多种场合中使用，是我国古人最常用的打击乐器之一，《周礼》中就有“掌教六鼓、四金之音声，以节声乐，以和军旅，以正田役”的记载，说明了鼓的用途。

铜鼓是青铜制鼓，多在四川、贵州等地区使用，从春秋战国时出现，一直沿用至今。

铜鼓大小不一，大的有一米左右，小的仅有几十厘米，重量也是十斤到百斤不等，鼓声高低一般由鼓的大小而决定。

铜鼓鼓面通常绘有图案，鼓身雕刻花纹，制作精良。

战国四耳束腰三角齿纹铜鼓

钲

钲（zhēng）是中国古代的一种军用乐器，在春秋战国时盛行，一直沿用至隋唐时期。钲在外形上和铙相似，比铙大，有长柄，使用时开口向上放置，用槌敲击。

《诗经·采芑》曰：“钲以静之，鼓以动之。”可见钲在功用上也和铙相似，行军时击钲有停止前行之意。

铎

铎（duó）是古代军用乐器的一种，是一种金属制成的大铃，属于打击乐器，通常和鼓一起使用。

铎在结构上和铃相似，都有舌，比铃大，比钟小。顶端有长条状的柄，可以执柄摇晃发声，也可以敲击发声。

铎根据舌的材质的不同可以分为金铎和木铎，金铎腔内的舌为铜制，木铎的舌则为木制。《周礼·地官·鼓人》记载：“以金铎通鼓。”在古代，有重大政策、政令要宣布时，或者在开展军事活动时，都会用到铎。

青铜乐器种类繁多，用途多样，是我国先民在社会活动中创造的。青铜乐器脱胎于生活又高于生活，满足了当时人们的精神需求。

青铜乐器是青铜文明孕育出的独特的文化种子，是青铜时代文化和艺术发展的结晶。青铜乐器是我们这个古老的东方民族漫长而悠久的音乐发展史的见证者，为中国古典音乐的研究做出了重要贡献。

第五章

青铜饮食器：
华美而别致的实用艺术

我国古人很早便培育了粟、黍、稷等不同种类的粮食作物，并发明了烧、烤、涮、煮等令人赞不绝口的烹饪手法。在古人的饮食生活中，鼎、鬲、簋、盨等青铜食器，尊、卣、爵、角等青铜酒器，盘、匜等青铜水器占据着极其重要的地位。

博大精深的饮食文化与璀璨神秘的青铜文化交融并进，两相辉映，令人神往。

钟鸣鼎食——食器

中华民族的饮食文化源远流长，远在几千年前的古人对美食佳肴有着不亚于今人的执着与热爱，使用的饮食器具也非常讲究。“钟鸣鼎食”，概括了青铜器的最初用途，也说明了古人对“吃”这件事的重视，大家分坐在宴席两侧，一边听着编钟奏乐，一边列鼎而食，享受一场豪华盛宴，好不自在。

青铜食器是中国古代贵族日常生活中不可或缺的、正式的食器。按照其功能和用途，青铜食器大致可被分为煮食器、盛食器、挹取器、切肉器这四类。

煮食器

青铜煮食器具体可分为鼎、鬲、釜、鍪、甗、甑等。

鼎。在各类青铜器中，鼎是最早的煮食器具，用来烹煮、盛放肉类。按照其具体的用途，鼎又可分为镬（huò）鼎、升鼎和羞鼎这三大类。镬鼎作为炊具，用来烹煮牲畜、野物的肉，煮熟的肉捞起盛放在升鼎里，羞鼎则用来盛放羹汁。[①]

鬲（lì）。学术界普遍认为，青铜鬲的诞生与新石器时代的陶鬲息息相关。其器形独特——敞口，丰满的腹部连接着三只中空的锥形足，这种设计能使器具加热的时候吸收更多热量，使烹煮的时间大大缩短。

殷商时代，青铜鬲的袋腹有着“款足”之称，到商末周初，随着其袋腹形体由高变低，原先的功能也逐渐退化。青铜鬲在西周时发展迅速，至春秋达到顶峰，在战国时期逐渐退出历史的舞台。

甗（yǎn）。新石器时代晚期的陶甗是青铜甗的前身，到了商周时期，青铜甗被广泛应用。甗其实相当于现代的蒸锅，是一种复合炊具，往往由甑、鬲、釜等构成，处于上部的甑可用来蒸煮干食，位于下部的鬲、釜等可用来烹饪汤汁、烧水等，甑和鬲、釜之间则用镂空的箅隔开，以便让蒸汽通过。

甑（zèng）。青铜甑通常和甗一起使用，多为圆形，单独的甑很少见。

---

① 李松．中国青铜器[M]．北京：五洲传播出版社，2008：24．

商乍册兄鼎（复制）

商饕餮纹鬲

釜（fǔ）、鍪（móu）。釜、鍪皆和现代的锅功用类似。釜通常是圆底无足的器形。鍪在战国时期被普遍使用，多为敞口、束颈、鼓腹、圆底，而且其器身两侧装有小耳，方便人手执小耳将滚烫的食物倒出。

盛食器

何谓盛食器？顾名思义，是用来盛放已经煮好的黍稷、肉类等食物的器皿。盛食器可细分为簠、簋、盨、敦、豆等。

簠（fǔ）。1991 年，我国的考古学家在薛国墓葬中发现两件青铜簠，簠内盛放着已经炭化的粟米类食物和状似水饺或馄饨的食物，这足以证明，青铜簠是用来盛放已经煮熟的粟米、稻谷、高粱等食物的器具。学术界普遍认为，青铜簠起源于远古时代的竹木器[①]，其在两周时期被普遍使用，战国早期以后随着新食器的出现逐渐被淘汰。

簋（guǐ）。一般认为，簋的功用与簠类似，也是用来盛放煮熟的粮食的器具，但也有研究认为青铜簋具有盛放肉食、温煮加热和量器的功能。起初，青铜簋流行敞口（方便舀取食物）、无耳、鼓腹（便于储存更多食物）的形制，其器形像极了今天的深腹大碗。到了商代晚期，双耳簋则更为流行，还出现了少量的双耳方座簋。从西周早期至中期，四耳方座簋、弇口簋等多种器形都比较受欢迎。

---

① 郭宝钧．商周铜器群综合研究[M]．北京：文物出版社，1981：74．

西周青铜甗

春秋许公买青铜簠

西周晋姜簋

盨（xǔ）。盨由簋演化而来，是用来盛放稻粟等粮食的器具。青铜盨盛行于西周中、晚期，早期形制与铜簋很相似，形状稍微不同，一般为椭圆或椭方形。其盖造型与器相同，可充当盘子使用。

敦（duì）。青铜敦出现于春秋中叶，在春秋晚期至战国时期发展至鼎盛。其典型的器形为圆腹、环耳、有盖。古人认为能合在一起为“对”，这正是敦的由来（不读 dūn）。从现有的文献及出土证据来看，青铜敦不仅是专门用来盛放粮食的器具，还具有炊煮和盛放肉类的功能。

豆。早在商代晚期青铜豆就已出现，经过漫长的发展，直至两汉时期才退出历史的舞台。青铜豆一般为高足圆盘的器形，圆盘内用来盛放肉酱等食物。作为礼器，其通常与其他青铜器配套使用。到了春秋后期，青铜豆的功能发生了变化，即由盛放肉酱的器具变为盛放稻粟的器具，且开始有了与器身配套的盖。

挹取器

古代的匕是典型的挹（yì）取器，《说文解字・匕部》上说：“匕亦所以用比取饭，一名柶。”也就是说，匕别名“柶”，主要是用来挹取食物。

现在人们所用的羹匙、汤勺等皆由匕演化而来。最初，匕多由动物骨头、角或木头等材料制作而成，后出现了青铜匕，多为椭圆形，首端较尖。

西周攸簋

战国铜敦

东周（战国早期）铜盖豆

切肉器

俎是古人最常用来切肉的器具，现今出土的青铜俎数量虽少，却也在青铜食器中占据着一席之地。俎一般为长方形，两头有足，与后世桌案类家具十分相似。1979 年，考古学家们在辽宁省义县花尔楼村发掘了几件商代青铜器，其中，饕餮纹板足悬铃青铜俎一经出土便牢牢吸引住了所有人的目光。它造型规整、纹饰精美、槽形的俎面设计与众不同。至今，这件青铜俎仍是锦州博物馆的镇馆之宝，是国家一级文物。

千年前的火锅——青铜染器

我国国家博物馆里有一件造型较为奇特的青铜器，它由承盘、炉和耳环组成，名为染器。“染”字指的是调料，染器自然就是一种调料容器，其所能发挥的真实功用相当于今天的火锅。

火锅的溯源很难确切指向具体的时间或年代，这是因为火锅一词并非自古便有。汉代以前，古人制作肉食主要以烹煮、炮烤为主，至汉代以后，出现了先以白水煮肉，再以调料入味的“濡法”制肉，这一时期染器十分盛行。染炉设计得十分精致小巧，可用来濡肉，染杯体量也都很小，可用来盛放、加温调料。汉代人实行分餐制，用餐时一般是一人一染炉，实在是像极了今天的独立小火锅。

把酒祝东风——酒器

自殷商开始，人们便开始将谷类酿成美酒，由此衍生出了酒文化，而古代的能工巧匠们所铸造的用来盛酒的各种造型精致、美轮美奂的青铜酒器也令后人惊叹不已。

青铜酒器种类繁多，大致可分为盛酒器、饮酒器、取酒器这三大类。

盛酒器

青铜器皿中，典型的盛酒器有尊、卣、壶、罍、斝、瓿、盉等。

尊。青铜器中的尊是一种高颈、口径较大、圆腹或方腹的盛酒器。而商周至战国时期，还流行着另一种器形生动、纹饰华丽的“鸟兽尊”，它们类似于现代的雕塑作品，带有浪漫的艺术气息。商代数量较多的是鸟尊，多以鸱鸮形态呈现，兽尊数量较少，多以象、虎、犀、牛、豕等动物的形态呈现。

卣（yǒu）。考古学家曾多次在规格较高的商周墓葬中发现青铜卣的身影，其流行时间较长，形制变化多样，如筒形腹、方形腹、罐形腹等，一般有盖和提梁。西周时期出现了鸟兽形卣，特点鲜明。

斝（jiǎ）。青铜斝大多为侈口，口沿上有双柱，宽身下的三足一般较长。青铜斝用途比较广泛，可用来盛酒、温酒或煮食等。

瓿（bù）。大型盛酒器，一般为圆口、圈足、鼓腹，也有方形瓿。青铜瓿亦可用来盛水或盛酱。

罍（léi）。一般器形较大，在商晚期普遍流行，这一时期圆形罍和方形罍都较为常见。从商朝至周朝，罍的纹饰渐渐变得简单素雅。

盉（hé）。弇口，圆腹，带盖，前面有引流设计，腹下设有三足或四足。可用来调和酒味、盛水等。

壶。商周时期的青铜壶器形繁多，十分盛行，常见的有圆形壶、方形壶、扁圆形壶及八角形壶和弧形壶等。春秋时期的青铜壶造型相对轻巧，方壶较多。

商青铜尊

西周青铜猪尊

西周鱼伯彭铜卣

商皿而全铜方罍

西周晚期它盉

春秋郳君庆青铜壶

春秋晚期曾仲姬提链壶

饮酒器

青铜饮酒器包括爵、角、觥、觚、觯等。

爵。学术界普遍认为，青铜爵的前身是陶爵。在西周早期，青铜爵很受欢迎，在所有青铜酒器中处于核心地位。根据现有资料来看，东周时期的“爵”已成为所有酒器、饮酒器的泛称。所有的青铜容器中，虽然爵容量最小，外形结构却很复杂，堪称最精美的青铜器。

角。青铜角也是较为常见的青铜饮酒器，其形制与爵极为相似，只在流与柱方面有着些许差别。平民的墓葬中极少发现青铜角的身影，青铜角一般装饰华美，器形精致，而其纹饰覆盖面积越大，器形越是复杂、精美，代表墓葬主人的身份越高。

觥（gōng）。青铜觥有着庄重华美、造型富于变化的形制特征。其容量较大，有角形觥和兽形觥之分，可用来饮酒或盛酒。

觚（gū）。现有资料显示，觚盛行于商代晚期，在西周早期便逐渐被其他的饮酒器所淘汰。按照器形，觚可被分为圆觚和方觚，前者器体横截面为圆形或者椭圆形，有着长颈、细腰、高圈足等特点；后者器体横截面为方形，较为少见。

觯（zhì）。觯是较为常见的一种青铜饮酒器。觯和尊的形制类似，但更小一些。

商代青铜爵

商代晚期兽形觥

取酒器

青铜取酒器包括勺、斗等。青铜勺是古人用来在尊、卣、壶、罍等盛酒器中挹取酒水的器皿。现今出土的青铜盛酒器或饮酒器常常附以勺。比如 1975 年在三门峡市出土的错银髹漆蟠螭纹铜方罍就附带一铜勺。青铜斗也是取酒器，也可用来取水,《诗经·小雅·大东》云："维北有斗，不可以挹（yì）酒浆。"其器形特征与勺相近。

别具一格的水器

作为盛水的器皿，水器的功能自然与水的用途密不可分。根据用水的方式及特点，可将青铜水器划分为承水器、注水器和盛水器三种。

承水器

承为“承接”之意，承水器就是用于接水的器皿，青铜盘是典型的承水器。

盘的初现，可以追溯到商周时期。古人在祭祀活动及举行宴会时，需要用水浇洗双手，行净手之礼，同时为了避免弃水流溅于地，以盘承接；此外，盘也可用来盛放食物。

西周青铜四凤盘

春秋三轮铜盘

注水器

注水器，即用来浇水的器皿，一般与承水器配合使用。匜（yí）是最典型的青铜注水器。

古人在行净手礼时，使用的用来向下浇水的器皿就是匜（相当于现在的瓢）。匜与盘配合使用，以匜倒水，以盘承接。匜形体扁长，为了方便出水，前端一般有引流的设计。

盛水器

顾名思义，盛水器就是用来盛水的器皿。古人盛水的器皿主要用来盛放饮用水或沐浴用水，如盂、鉴等。

盂。形似簋，有附耳，人部分为圆形，主要用来盛水和盛饭。

鉴。形制较大，既可用来盛水（沐浴），也可用来盛冰，后人将镜子统称为鉴，是因为最早的鉴还被用来映照容貌。

西周晚期宋孟姬青铜匜

青铜文明发源于3000年前的中国，如今出土的形形色色、璀璨丰富、兼有礼器之名的青铜饮食器具，将古人对青铜器的重视与依赖体现得淋漓尽致。

了解青铜食器、青铜酒器、青铜水器的不同分类，认识不同种类的青铜器的形制特点、功能与作用，感受古代能工巧匠们所精心打造的器具之美，追忆和领略青铜器文化鼎盛时期的辉煌与风采。

第六章

青铜兵器：红光紫气俱赫然

夏末商初，战争不断，简单的石器已经不能满足人们的战事需求了，加之青铜冶炼技术在这一时期逐渐成熟，大量青铜兵器被制作了出来。

相较于石器，青铜兵器不仅杀伤力大幅增加，且制作精美，大多兵器上都刻有虎纹、龙纹、云纹等多种多样的纹饰，不仅具有实用价值，更具有审美价值，这也使青铜兵器在中国兵器发展史中形成了独具特色的艺术风格。

权力之器——钺

在石器时代，先民们制造出了石斧用于生产和狩猎，随着部落之间战争不断增多，石斧开始被当作兵器使用。然而人们发现石斧的杀伤力过低，就对其进行了改造，制造出了比斧更大的器具——钺。

《说文解字》中称：“钺，人斧也。”钺由斧演化而来，在外形上与斧相似，比斧大，其刃也比斧更宽大锋利。

钺可以分为大钺和小钺，大钺一般造型精美，雕刻多种图案，可以作为礼器在祭祀时使用，也可以作为陪葬品随墓主人下葬。小钺可作为兵器或者刑具使用，相较于大钺更加轻巧，使用起来也更方便。

《史记·殷本纪》中有“汤自把钺以伐昆吾，遂伐桀”之句，商王朝的第一代君主成汤拿着钺讨伐昆吾，之后又讨伐夏桀。可见钺早在夏末就已经被当作兵器使用了。

然而由于体型较大、携带不便，钺逐渐被其他兵器所取代，在战场上使用得较少，更多是作为刑具被使用。《国语・鲁语》中有“大刑用甲兵，其次用斧钺”的记载，也是钺作刑具的记录。

《诗经・商颂》中有这样一段描写：“武王载旆，有虔秉钺。如火烈烈，则莫我敢曷。”这是商后人对开国君主成汤的歌颂，商王坐在车上，手里拿着钺指挥战斗，勇猛如火的大军猛烈进攻，势如破竹。由此可知，早在夏末商初，钺就已经不再是简单的兵器了，而是被当作军权的象征。

《礼记》中有言：“诸侯，赐弓矢然后征，赐鈇钺然后杀。”古代中国礼制严明，诸侯只有被赐予弓箭才能出战，只有被赐予鈇钺才能斩杀其他诸侯，如果诸侯王擅自发动战争，就是对王权的僭越。由此可见，钺代表了至高无上的王权。

1876 年，河南安阳妇好墓出土了几件青铜钺，其中一件长约 39 厘米，重达 9 千克。此钺呈斧形，肩部有两个对称的长方形穿孔，钺身刻有铭文，可见“妇好”二字。妇好为商王武丁的妻子，钺作为妇好的陪葬品彰显了妇好在商的特殊地位，并能够说明妇好曾经是掌握军权的人。

《史记・鲁周公世家》中记载了周公旦持钺辅佐周武王的事迹，钺在这时用作礼器。“已杀纣，周公把大钺，召公把小钺，以夹武王。”周灭商之后，周武王举行祭祀，将商纣王的罪过告诉上天和人民。在举行仪式时，周武王的两个弟弟——周公旦和召公，分别拿着大钺和小钺，跟在武王身后。由此可见，钺作为礼器是仅限于王室贵族使用的，并且有明显的等级划分。

钺作为权力的象征，在商周时期很受统治者的重视，因此其造型往往都很精美，在一些大型钺上会用到浮雕、透雕等雕刻技术，一些钺上还会饰以镂空人面纹，突出眉、目，口微微下凹，其中最具代表性的有商代的亚丑钺。这些造型精巧别致的青铜器，充分显示了商周时期我国青铜器制造水平之高，同时也是国力强盛的表现。

商目雷纹方内青铜钺

西周铜钺

青铜戈

戈是中国古代一种比较常见的兵器，具有击、刺等多种功能。戈是由石器时代的石镰、骨镰演化而来的，在外形上与石镰相似，由戈头、柄、铜尊等部分组成。其构造一般为平头，横刃前锋，垂直装柄。

戈是我国发现较早的兵器，在二里头文化遗址出土的戈已经具备了戈的基本形态。

由于商周时期作战多用战车，戈可以用于在战车上勾杀敌人，且便于携带，于是成为这一时期作战必备的兵器，盛行一时。战国时期，戈的锐利程度不断加强，戈头与柄的连接处也被加固，更能满足战争的需求。

中国的先民们将干与戈作为防御和进攻武器的代表，并将这一概念应用于生活中，即使后期戈逐渐退出历史舞台，关于这两种兵器的成语、俗语也一直流传至今，如“大动干戈”“反戈一击”“化干戈为玉帛”等。

刀与剑

宝刀光未淬

刀是一种古老的器具，在原始社会被设计和制造出来，在数千年的历史演变中被多次改进并流传至今，依然是现代社会中不可或缺的生活用具之一。

刀由刀身、刀柄、刀首等部分构成，刀身一侧有刃，一侧无刃。在石器时期，刀主要用作劳动工具。到夏初，由于战争频繁爆发，刀开始被当作兵器使用，《说文解字》对刀的解释是“刀，兵也”。

刀最初多为短刀，体型较小，商周时期，逐渐出现了大刀，这种大刀刀身较宽，刀尖翘起。两汉时期通用的战刀刀背厚实，刀柄呈扁圆环形，又称环柄刀。

挥剑决浮云

剑被称为“短兵之祖”，大致出现于商代晚期。商周时期的作战方式多为车战，这一时期戈为主要的作战兵器，对剑的需求较少。直至春秋时期，以步兵和骑兵为主的作战方式开始兴起，剑成为主要的作战武器。

剑为双开刃，身直头尖，相较于刀更为锋利轻便。剑由剑身、剑尖、剑脊、剑格、剑柄等部分组成，有短剑和长剑之分。商周时期的青铜剑多为短剑，体型较小，相当于今天的匕首。

在春秋战国时期吴越等南方地区水路纵横，大型战车在这些地区难以行进，以水战、步兵为主要的作战方式，因而吴越地区的铸剑水平远高于中原地区，在那一时期也出现了如干将、莫邪、欧冶子等一众铸剑大师，其中，干将莫邪铸剑的故事流传至今。

《庄子》中有“夫有干越之剑者，柙而藏之，不敢用也，宝之至也”之句，意思是说如果一个人得到了吴越等地出产的宝剑，不会轻易使用它，而是用匣子装起来珍藏。《战国策》中有“夫吴干之剑，肉试则断牛马，金试则截盘匜”的记载，可见在春秋战国时期，吴越地区铸造的剑质量之高、工艺之精。

春秋中期，吴国国力强盛，铸剑水平也逐渐提高，开始出现长剑。现今出土的这一时期的吴越地区的剑多在50厘米左右，剑锋也更加锐利。春秋晚期，越灭吴，越国继承了吴国的铸剑技术，并在这一时期铸造出了有“天下第一剑”之美誉的越王勾践剑。

青铜双鞘短剑

越王勾践剑现收藏于湖北省博物馆，剑长 55.7 厘米，柄长 8.4 厘米，剑宽 4.6 厘米，剑身上布满了菱形花纹，剑身刻“越王勾践自作用剑”的鸟篆铭文。

春秋战国时期，由于兵器需求量的急剧增加，兽纹、云纹等较为复杂的图案不再适应生产的需求，而菱形暗格纹饰简单大气，便于雕刻，是这一时期普遍使用的兵器装饰技术之一。

古人认为，菱形似方形，与中国古代“天圆地方”的说法相契合，符合当时人们的审美需求，而且连续的菱形有循环往复之意，蕴含着中国古人绵延后代、多子多福的美好愿景。

因此，一方面，青铜兵器上的菱形暗格纹饰与兵器的冷硬气质相得益彰；另一方面，菱形图案所蕴含的美好寓意也为青铜兵器增加了文化内涵和审美意义。

青铜剑本身精美的造型和精巧的铸造工艺，使得其不但具有极大的杀伤力，更具有收藏价值，这也是吴越地区所铸造的青铜剑在当时被广泛收藏的原因。

春秋越王勾践剑

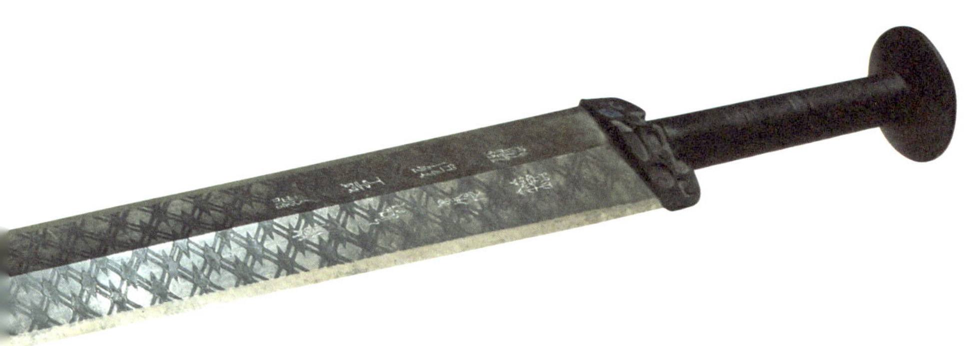

春秋越王勾践剑局部细节

矛与戟

遇敌舞蛇矛

矛起源于石器时代，最初是用来狩猎的，其原始形态是削尖的木棒，之后出现了石矛、骨矛等，到了新石器时代晚期，铜矛开始出现。

商代青铜矛由系、骹、脊、翼、刃、锋等部分构成。系是用于连接矛头与柄的部分，骹指的是矛刃的下口，矛身中部为脊，由脊向左右两边展开为翼，矛的尖端为锋。

矛在发展中形制多变，有尖叶形柱脊矛、亚腰收锋矛等多种样式。吴王夫差矛，是一件剑形长叶矛，矛锋呈尖叶形，侧刃平展，制作精美。

春秋镂空铜矛

贯颐奋戟

戟是一种将戈和矛的功能融为一体的兵器，可以向前进行刺杀，也可以横向勾杀敌人。按照样式划分，戟可以分为方天画戟、青龙戟、钩镰戟等；按照大小划分，戟可以分为长戟和短戟。

《左传·襄公二十三年》中有“或以戟钩之，断肘而死”的记载，这说明在春秋时期，戟就已经被应用于战争了。由于戟同时具备了戈和矛的功能，杀伤力较大，故逐渐代替了戈，成为中原地区作战时主要使用的兵器。戟盛行于战国、汉晋各代，尤其是在三国时期，很多大将都喜欢使用铁戟作为武器。

商青铜勾戟

镞与弩机

向日磨金镞

《周礼·夏官·司马》中记载："恒矢、庳（bì）矢用诸散射。"这里的恒矢、痹矢为不同种类的箭。古代有"六弓四弩八矢"的说法，八矢包括枉矢、絜矢、杀矢、鍭矢、恒矢和庳矢等。其中枉矢和絜矢可以带火发射，多用于车战，杀矢和鍭矢用于近射，恒矢和庳矢用于散射，每一种箭矢都有其特定的功能。

箭由镞、箭杆、箭羽三部分构成，镞就是箭头，又称矢锋。在旧石器时代晚期，人们在捕猎时已经用到了镞，新石器时代的石镞、骨镞等在考古研究中都有所发现。

镞的形制多样，有双翼、三棱、四棱、扁叶等多种类型。我国出土最早的镞来自二里头文化时期，这时的镞多呈锥状，制作较为粗糙。到了商周时期，开始出现双翼镞，镞身上带有血槽，镞锋也更加锐利，提高了镞的杀伤力。

战国铜镞

万弩应弦因退走

商周时期，弓箭的使用主要依靠人力，由人拉弓射箭，虽然弓不断被改进，但人力终归有限，于是在春秋时期，人们发明了弩。弩是用于射箭的装备，主要由弩臂、弩弓和弩机组成，弩臂主要用来承弓、撑弦，弩机安装于弩臂后方，用来扣动机关来发射箭矢。弩是我国古代战争中重要的武器装备，相较于箭，弩的射程更远，命中率也更高。

据说，楚国的琴氏在战争中受到启发，发明了弩。《吴越春秋》中有载："琴氏乃横弓著臂，施机设枢，加之以力，然后诸侯可服。"可见，春秋时期，弩就已经被应用于战场了。

弩机主要由望山、悬刀、钩心等组成。望山是弩上的瞄准器，悬刀是扳机，钩心负责连接悬刀和望山。使用时将箭放置在箭槽内，通过望山瞄准目标，扳动悬刀，即可发射箭羽。

除了使用人力发射弩外，后期逐渐发展出用于张弓的绞车，可以合几个人的力量射箭，不但提高了射程，射出的箭羽的数量也增多了。

历史上的"马陵之战"是典型的使用弩机取胜的战争。战国时期，魏国发兵攻打韩国，韩国遂向齐国求助，齐国派遣田忌和孙膑等人率兵救援。魏国名将庞涓率兵追赶齐兵，齐军将魏军引到了古道马陵，并在此埋伏。等到庞涓率兵赶到时，数万只弩机一起发射，魏军大败，魏国从此元气大伤。可以说，弩机在这场战争中起到了至关重要的作用。

青铜弩机设计精巧，制作精良，是中国先民智慧的结晶。秦汉时期，青铜弩机尤为盛行，后世在此基础上还发展出了诸葛连弩、神臂弩等武器，弩机之先进可以说是中国青铜兵器制造的巅峰了。

汉代铜弩机

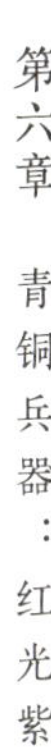

从夏到战国末期约1800年的时光里，青铜兵器在中国兵器发展史中一直占据着主导地位。青铜兵器多脱胎于石器，在应用于战争后不断被改进，逐渐脱离了生活用具的属类，成为独立的兵器种类。

青铜兵器的铸造更注重实用性，因而对其铸造工艺的要求更加严格，要在具备美感的同时不影响作战。青铜兵器少有大型或夸张的纹饰雕刻，多使用简洁大气的图案，符合兵器自身冷锐的特点。

第七章

青铜杂器：
细微之处见证历史

从春秋战国时期开始，青铜礼器的数量越来越少，而各种精致绚烂、用途广泛的青铜杂器却层出不穷地涌现，它们多为实用品，种类繁杂。

青铜杂器在古人生活中扮演着不可替代的角色，极大地丰富和装饰了古人的生活。不同的杂器铸造工艺不同，一些青铜杂器实用功能强大，更有精妙绝伦的装饰技法与设计巧思，令人称奇。

青铜日用器

青铜日用器在纹饰、造型、功能等方面无一不揭示了古人的传统生活习俗和审美喜好，它们连接着过去与未来，将古人的物质生活和精神世界展现在今人面前。古代青铜日用器种类丰富，造型各异，具体包括灯具、铜镜、熏炉、暖炉和各种装饰器具等。

灯

20世纪50年代，随着我国考古工作的开展，大量纹饰瑰丽、造型精美的青铜灯相继从我国各地的古墓中出土，世人不禁为中国古时

青铜灯具的辉煌成就而震惊。

早在战国时期，青铜灯具便已十分盛行，到了西汉中晚期，青铜灯的发展再次进入繁荣期。战国至两汉时期的青铜灯兼具实用性与艺术性，不同时期的青铜灯有着不同的特征。

战国中晚期至秦代的青铜灯具多为姿态各异的人俑造型，灯具上开始出现铭文。

汉代的铜灯种类、样式异常丰富。西汉早期，多枝灯的造型、装饰变得更为简洁，战国时期常见的十五枝灯不再流行，九枝灯则越发受欢迎。西汉中期出现了人形、牛形的铜灯，这一时期绝大部分的铜灯上都刻有内容不一的铭文。西汉晚期出现了凤鸟形和鼎形铜缸灯，多枝灯的枝丫则越来越少，七枝灯、五枝灯等较为常见。

东汉早期的牛形灯特征突出，现藏于南京博物馆的东汉错银铜牛灯于 1980 年出土，此灯造型精美，结构分明，色泽光润，整体纹饰流畅大气。

东汉时期还流行羽人铜座灯、行灯等。东汉中晚期，还出现了吊灯这一独特的器形，很多都是以匍匐小人的造型呈现，灯具上的铭文变得简单，纹饰却开始复杂化。

西汉连枝青铜灯

西汉双烟管羊形青铜灯

东汉错银铜牛灯

镜

“清冶铜华以为镜，莹光如水照佳人。”当先民开始关注自身的样貌姿容美时，人类意识形态中便有了鉴照的概念。先民用陶器盛水，以鉴姿容，这是镜的前身，以此为需要，那些表面光滑的铜制工具，则启发了铜镜的制造。

中国最早的青铜镜可追溯至4000年前的新石器时代末期，这与神话传说中“黄帝铸镜”的时间相吻合。

战国时期，青铜镜的纹饰、款样逐渐丰富，青铜镜的铸造渐渐兴盛起来。

除用作鉴照姿容外，青铜镜还被古人用于装饰。在以往出土的各种青铜镜背面，美丽精致的纹饰中间往往设有穿绳的孔洞。

此外，在我国古代早期的祭祀典礼中，青铜镜也扮演着重要的角色。从祭祀礼器到生活用品，再到装饰把玩，青铜镜的发展历经数千年，像是靡靡风尘中扫过的一缕金光，透现出我国几千年的青铜铸造历史及社会发展状况，更透现出我国古人的审美雅趣和艺术风情。

西汉瑞兽博局纹鎏金铜镜

西汉瑞兽博局纹
鎏金铜镜细节

炉

我国自古就有焚香的习俗，因此各种熏炉、香炉也应运而生。战国时期就已经出现了青铜熏炉，且受到了普遍的欢迎。

到了两汉时期，熏炉的制作工艺更为精湛成熟，这一时期博山炉的出现引领了自上而下的风尚潮流，成为当时的宫廷贵室、文人雅士心中的挚爱。

博山炉因其优美华丽的外形被人们熟知，仙山似的器盖是博山炉最鲜明的特征，当香料焚烧、香烟排出的时候更具有烟雾缭绕的美感。英国考古学家杰西卡·罗森认为其原型来自西亚[①]，或许正是因为这一点，博山炉的外形更添了一抹神秘的异域风采。清朝纳兰性德以博山炉入词——“博山炉烬未全灰”，又赋予其别样的文艺色彩。总之，一直以来，博山炉在人们心中都有着特殊的地位。

学术界普遍认为，博山炉的原型或许由西亚传入，却也与我国战国时期的豆形熏炉息息相关。西汉时期，博山炉发展鼎盛，高规格的炉多为王室、诸侯所使用，普遍以青铜铸造，并鎏金鎏银，使得其工艺更加精湛。在古人的日常生活、医治、祭祀中也都随处可见博山炉的身影。汉朝时，博山炉的熏香文化更是和道教的神仙思想产生了直接关联，而博山炉的器形也符合古人对得道成仙的执念，所以这种青

① [英]杰西卡·罗森著；邓菲等译．祖先与永恒：杰西卡·罗森中国考古艺术文集[M]．北京：生活·读书·新知三联出版社，2011：464．

汉代鸭形熏炉

西汉青铜博山炉

铜香炉也越来越受到当时人们的青睐。

青铜制作的炉不仅有熏炉，还有取暖用的燎炉。燎炉相当于后来的火盆，出现于春秋时期，如王子婴次炉，其造型大方简洁，壁内刻有铭文，现珍藏于国家博物馆。

装饰器具

现今出土的不同时期、不同类型的青铜装饰器具在形制、工艺等方面体现出鲜明的地域和时代特征，最为常见的有以耳饰、项饰、腕饰为代表的身体装饰；以带钩、扣饰等为代表的衣物装饰；以青铜车饰件和马首饰件为代表的车马装饰等。

在出土的青铜身体装饰中，耳饰较多，且形制不一，项饰、腕饰的数量则较少。中国最早的青铜项饰发掘于甘肃临潭磨沟齐家墓地，其中间宽、两端窄，呈新月形，有着早期青铜文明的典型特征。

在青铜衣物装饰中，带钩曾很受欢迎。带钩是皮带一端的挂钩，可用来固定衣裤、收紧腰身，曾盛行于北方草原民族，后于春秋战国时期传入中原，[①] 在秦汉时期成为当时人们生活中的常见用品，是中国古代先民服饰文化的重要符号之一。青铜带钩整体呈“S”形，著名的有藏于上海博物馆的镶嵌龙形带钩和凫形带钩等。三星堆遗址曾

① 马承源．中国青铜器（修订本）[M]．上海：上海古籍出版社，2003：296．

出土不少铜饰，不仅种类多，而且非常精美。

中国古时的车马制度发源于西周时期，《王度记》中就有“天子驾六，诸侯驾五，卿驾四，大夫三，士二，庶人一”的描述。那一时期的马车上的青铜配件统称为车马器，其具体又可分为车器和马器两大部分，其中，车器指的是马车上的青铜器件，包括作为马车装饰的青铜车饰件[①]，比如车辕饰、青铜铃、杆头饰等。马器指的是固定于马身上的驭马器具及相关装饰器件（统称为马首饰件），比如衔、镳（biāo）、铜泡等。

其他

青铜日用器中，除了上述的灯、镜、炉及装饰器具外，还包括铜梳、铜熨斗等生活用品，以及以铜铲、铜凿为代表的生产工具。

---

① 武瑛，石磊．固原出土春秋战国青铜车马饰件研究[J]．文物天地，2018（7）：34．

三星堆杖形饰片

战国铜孔雀饰（推测属于车饰）

西周青铜铲

寓意深刻的铺首衔环

辅首是古代大门上衔接门环的底座，与门环并称作辅首衔环，主要功能是作为大门拉手或是用来叩门，还能起到装饰的作用。

我国古代的辅首大为青铜制，形样丰富，帝王宫殿的辅首有虎形、蛇形、螭形等，民用辅首虽样式相对简单，却也会选择威严的猛兽造型，寄托着人们心中对正义、勇敢和坚不可摧的力量的向往，以及以猛兽守护家人安全的愿望。

西汉铜铺首衔环

青铜货币

先秦以前，古人称铜为金，如今，这种提法的由来已无从考证，但大致推测为“金属”或“金钱”之意。

人类社会早期，金属的冶炼技术落后，货币最初并不以黄金或白银铸造，而是以本身具备实用价值的青铜铸成，这样铸造出来的货币兼具了货物的价值，成为更易被接受的贸易介质。

我国历史上的物资流通与商品贸易发展，兴盛于战国时期，在这样的背景下，金属货币成为贸易流通的主流介质，这时列国推行并使用的货币种类多种多样，如楚国的贝币，燕、齐之间进行贸易所使用的刀币，以及韩、赵、魏三国之间流通的方足布等。形制多样的青铜货币广泛流通，对当时的农耕经济和军事发展产生了深远而重大的影响，随着秦统一六国，货币制式得到进一步规范，流通于秦、魏两国

之间的圆钱成为主流，这便是后来方孔钱的前身。

总的来说，古代青铜货币主要有以下几种。

布币

布币外形酷似农耕用具的铲，故又称铲布，币面上铸有货币面值和地名，始现于西周时期，大量铸造于春秋时期，流通于三晋地区，是当时韩、魏、赵之间的农业贸易货币。

春秋“安阳”平首布

刀币

刀币的外形同样出自作为农业生产工具的刀，币面上铸有国家或邦邑名，主要流通于齐、燕、赵等国家。

圆钱

圆钱是方孔铜钱的原型，主要流通于战国中期的秦国。由于厚度较易把控，圆钱中间的圆孔便于以绳线穿连携带，方便计算且不宜耗损。秦统一六国后，圆钱的形制得到广泛推行，为后世历朝所沿用。

贝币

先秦以前，人们用稀有的海贝充当货币。最早的贝币出土于距今3600年前的夏晚期墓葬。

商中期，由于天然海贝的数量供不应求，天然贝币逐渐被仿制贝币所取代，逐步出现了石制、骨制等小型贝币。

青铜贝币的产生是在商代晚期，以海贝壳作为货币的货币形式十分原始，青铜贝币作为其替代品，又被视为金属铸币的鼻祖。春秋以后，楚国地区依然使用贝币形制的金属货币，是为铜仿贝。

青铜信物

信物，指的是作为凭证、取得别人信任的一类物品。典型的青铜信物有虎符和玺印，它们在古代发挥着重要的军事作用，到了今天，虎符和玺印又因其特殊的、不可替代的历史研究价值为世人所瞩目。

符大多为青铜所制，最早出现在春秋战国时期，具体而言，类虎形制的符发源于战国时期的秦国，因秦人骁勇善战，崇拜猛虎的力量，故取虎形制作兵符，世人称之为虎符。其内部中空，分为两半，分别存在两方手中（一般为中央和地方将领），合而为一符，是古代兵制中调兵遣将、下达命令的凭证，有着至高无上的公信力。

在不同的历史时期，虎符被赋予了不同的作用和象征意义。在虎符发兵制度越来越成熟的时期，它专符专用，一符在手，便可调动千军万马。到了东汉末年，社会动荡不安，中央集权被步步削弱，虎符

的调兵能力也大不如从前。到了隋朝时，新出现的麟符则更为盛行。

玺印在古代也是十分重要的信物，有着不可忽略的历史地位。《释名》中认为“玺”是“徙”的意思，而“印”指的是“信”。也就是说，玺印是人们相互交往或以书信交流的凭证。玺印盛行于战国时期，在当时玺和印之间没有明确的区分，无论是贵族还是百姓所使用的印均以玺统称。到了秦始皇嬴政一统中原后，玺和印彻底区别开来，玺字被赋予了至高无上的皇权，普通人不能以玺字代称自己所用的印，这一时期，只有皇帝用的印被称作玺。汉代时，太后、皇后、诸侯所用之印也可称为玺，普通百姓所用的印则被称为章或印信。

商朝青铜印章是我国境内发现最早的青铜玺印实物，这足以证明，玺印的起源至少可追溯至殷商时期。到了战国时期，随着青铜工艺的发展与成熟，青铜玺印的规格和形制都发生了相应的变化，除了印面内容更为丰富外，其边栏与界格也变得更加协调精致，官印也变得越来越大、越重。

古时候的玺印都有钮（既可装饰印身，又可用来系绶佩带），战国时期的印多为风格质朴的鼻钮，即铸成凸起的形状，中间穿一孔方便系带。之后，钮的形态、种类越发丰富多样，比如雕刻成羊、马、蛇、龟等不同动物的形态，皆生动逼真。或雕刻成器物形态，如瓦钮、桥钮、环钮、柱钮等，大都有着很强的艺术感染力。

到了汉代，官印尺寸变得更大，已不方便随身携带，而印章的整体风格则更为平正古朴、大气自然。私印的尺寸一般略小于官印，有着更加突出的形制特征和更为鲜明灵动的艺术美，且用途广泛。

战国虎符

青铜度量衡

根据现有的研究可知，在原始社会时期，人们便开始使用度量衡。到了封建社会初期，我国的度量衡制度进一步成熟、完善。

度，指的是长度，量指的是容量、体积，衡指的是重量。铜尺、铜量、铜衡和铜权共同构成中国古代的青铜度量衡器。

铜尺。尺是用来测量物体长短的一种工具，其最早出现在商代。早期的尺可能用木棍、动物骨头、象牙等制作而成，绝大部分都消失在茫茫历史中，而青铜尺则更容易保存。出土于 1931 年、现藏于南京大学博物馆的战国时期的青铜尺是我国现存年代最早的铜尺，其一端刻有小孔，可用来系绳，尺身一侧刻有 10 个寸格。

铜量。一般为圆罐形，是用来测量物体体积的工具，相当于后来的升或斗。其在战国、秦汉时期较为常见，流传至今的大多是官方

颁布的标准量器，其中影响力最大的有商鞅方升、始皇方升、始皇斗等。其中，商鞅方升背后的故事十分有名。公元前 344 年，在秦孝公的支持下，商鞅在秦国实行了一系列变法活动。为了表明自己所坚持的将一切法治化的治国理念，以及方便人们的日常生活，商鞅命能工巧匠制作并随后颁布了一个标注量器，后被世人命名为商鞅方升。

铜衡。用来测量重量的器具。天平是人类史上最早的衡器，在我国的衡器发展史上，提系杆秤的出现也晚于天平。现藏于中国历史博物馆的两件战国时期的铜衡，其横体薄扁、平直，和尺子很相似。铜衡中间有一鼻钮，衡身正面的十等分刻度线十分明显。这两件铜衡的衡身上都被刻上了“王”字，因此被世人称为王衡。

铜权。器形和功用都类似于今天的秤砣或砝码，可配合铜衡一起用来称重。铜权亦盛行于战国时期，尤其在当时的秦国和楚国得到了广泛的使用。现今出土的很多秦国铜权的权身上都刻有始皇诏或二世诏，有着不容忽视的史料价值。

秦朝铜权

包括古人日常生活用具、货币、信物、度量衡等在内的青铜杂器在铸造技艺、造型美感、门类品种和使用规模上都独树一帜，覆盖了古人生活的方方面面，成为青铜文明的重要组成部分，在中国古代工艺美术史上也占有独特的地位。

了解灯、镜、炉、装饰器具或其他青铜日用器的形制特点，更能感受其艺术美感。了解青铜货币的不同币形及发展脉络，熟悉不同青铜信物和青铜度量衡的特征和作用，有助于理解并体会种类繁多的青铜杂器背后的历史底蕴和深邃的文化内涵。

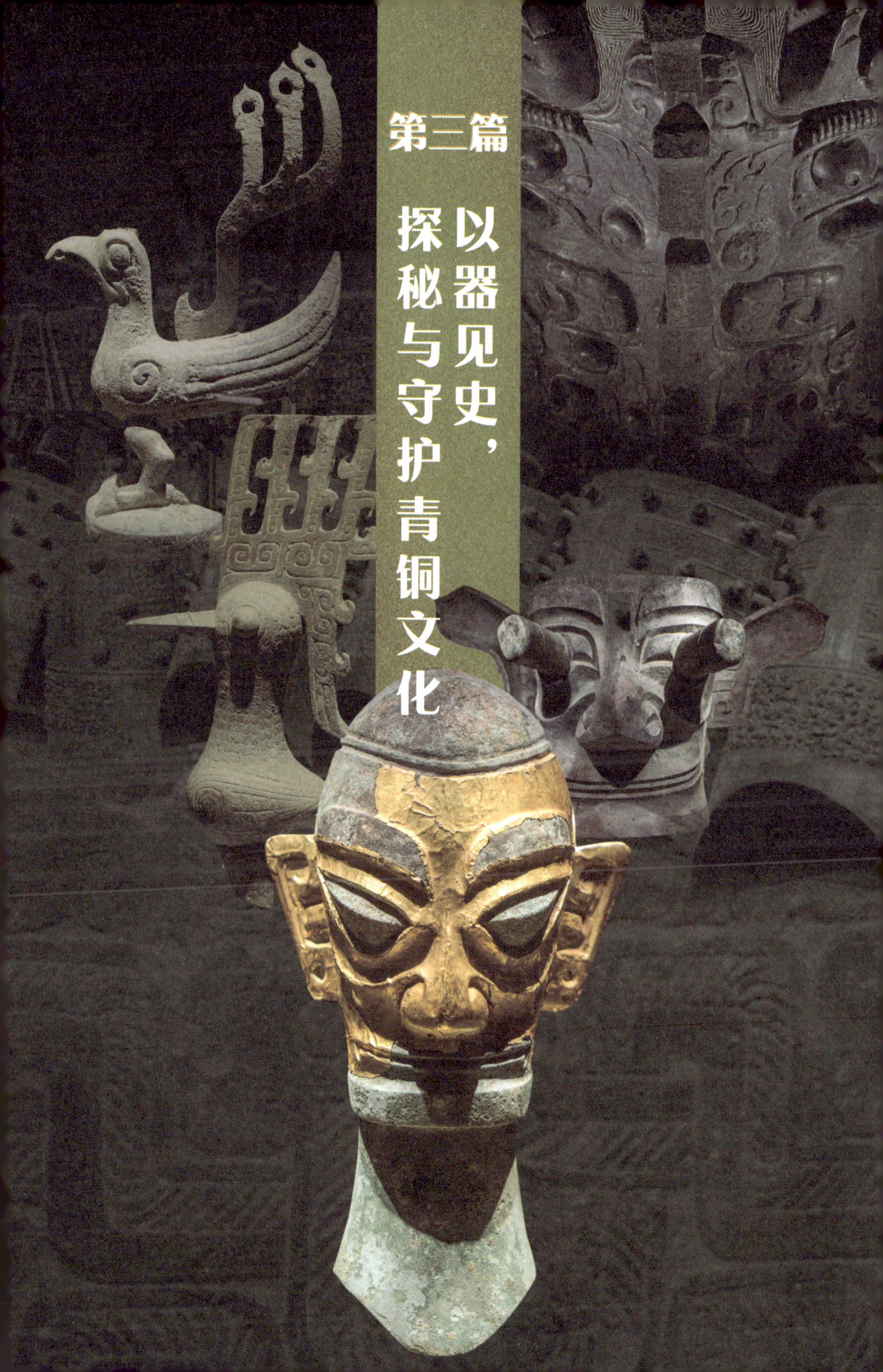

第三篇

以器见史，探秘与守护青铜文化

第八章

领略不同地域的青铜文化

在广袤的中华大地上，不同地域的青铜文化呈现多元发展之态，在相对独立的文化空间内自成体系，同时又相互交流并共同构成中国青铜文化。

不同地域的青铜器物从形、饰、文等方面牢牢印刻着不同地域的青铜文化，诉说着遥远的过去。

气魄沉雄的中原青铜文化

创造辉煌的中原青铜文化

中原，又称中土、中州、华夏，中原地区以今天的河南省为中心，包括今天的陕西省、山西省、河南省、河北省、山东省的黄河流经地区。

自古以来，中原地区就是华夏文明发展的中心，在青铜时代，这里的青铜矿产资源稀少，青铜被视为贵金属，但青铜文化在这里盛行并发展至文化和技艺巅峰并非偶然。

从黄河流域走来的华夏文明在中原地区扎根、发展，并世代延续。青铜文化正是在华夏文明的基础上发展而来的。依托于肥沃的华夏文

明土壤，青铜文化在中原地区发扬光大，创造了青铜时代的辉煌。

整体来看，中原地区的青铜器不仅种类丰富、数量众多，而且青铜器的铸造工艺极高，原料冶炼、塑模制范、浇铸充型、装饰雕刻等工艺均代表了青铜时代青铜器铸造的最高水平，一些具有重要史料价值、文化与礼仪研究价值的青铜重器（如体量大、重量重的青铜鼎），也大多出自中原地区。

中原地区青铜艺术风格

中原地区地理范围广阔，先秦以前这里聚集着不同的部落、随着夏商周的土地分封，不同诸侯国文化发展不同，也使得中原地区的不同区域的文化、民风表现出一定的差异，而凝聚了当地文化、民风的青铜器也表现出不同的艺术风格。

中原地区的青铜文化依托于当时的政治、文化、经济中心的发展而发展，这里生产和出土的青铜器具或庄重大气，或华丽精美，或文化厚重，令人瞩目。

例如，妇好夔足铜方鼎，造型精美，采用“满工三层花”装饰工艺，代表了当时青铜铸造的最高工艺水平。

再如，西周龙耳簋，以龙形作耳，器身饰以环带纹、重环纹，地域文化特色鲜明，虽圈足缺失，但仍能从现存器物形制与装饰上一窥当年的风采。

此外，战国时期的青铜错金银立鸟几何纹壶，集镂刻、错金银、鎏金银、嵌玉、镶珠等多种工艺于一体，华丽凝重，构思奇巧。

商后母戊青铜鼎

商妇好夔足铜方鼎

西周龙耳簋

战国青铜错金银立鸟几何纹壶

魅力独特的云南青铜文化

滇文化中的青铜文化

滇文化是中华文化的重要组成部分，其在今云南地区传承千年，滇文化的起源可以追溯到春秋战国时期，《荀子·议兵篇》记载："唐蔑死，庄蹻起，楚分而为三四。"楚将庄蹻率兵入滇，建立古滇国，这便是滇文化的起源。

云南作为我国西南重要门户，自古就是兵家必争之地，汉武帝赐滇王之印、诸葛亮七擒孟获等历史事件都发生在这里。

目前，在我国云南地区已经发现很多墓穴，这些墓穴虽不能确定墓主的身份和年代，但从出土的大量青铜兵器、青铜贮贝器、青铜礼器来看，云南青铜器物与中原青铜器物在造型、功用上有很大的差别，云南青铜器物造型丰富、形象写实，体现出独特的滇文化特征。

在滇文化中，牛是人们生活、生产（如耕地、拉车、驮物、饮食、祭祀）中非常重要的动物，再加上牛具有勤劳、朴实、能干的特征，因此被人们视为珍宝，牛的形象在云南青铜器物中出现的频率非常高。

云南典型青铜器物

贮贝器（存钱罐）是云南地区滇文化的特有青铜器物，是“国之重器”，象征王权。云南地区出土的诸多贮贝器造型独特、形象丰富（如有牛、人、生活场景等），具有非常高的文化、艺术价值。

西汉四牛鎏金骑士贮贝器

西汉贡纳场面青铜贮贝器

战国牛虎铜案

探赏青铜

造型美、寓意佳的牛虎铜案

在已出土的诸多云南青铜器物中，有一座牛虎铜案格外独特，它是一件出土于古滇国的青铜礼器，由两牛一虎的动物形象构成，一次浇铸而成。

牛虎铜案不仅工艺精美，造型和构思均非常独特、令人惊叹，而且寓意吉祥。

在造型上，虎咬牛尾，牛向前挣扎，形成良好的平衡感。

在意境构思上，虎牛相斗、牛护牛犊形成鲜明对比。

在器物名称上，该器物取名“牛虎铜案”，契合器物形象与用途，再联系我国牛年与虎年相接的生肖顺序，也许此铜案中牛虎争斗并非恶斗，再加上“牛虎铜案”的谐音“牛虎同安”，让人很难不联想到该铜案是否有祈求年岁平安之意。

古蜀青铜文化的未解之谜

了不起的三星堆

三星堆，是三星堆遗址、三星堆文明的简称，很多学者认为，三星堆的文化发展程度不亚于中原文化，与中原文化形成多元发展之势，由此产生华夏文明的多地域文化源起的推测。

三星堆遗址位于今四川省广汉市，分布面积约 12 平方千米，遗址规模大、范围广，这里出土的文物数量多、地方特色鲜明，从文物原料来看，包括金、铜、玉、石、陶、贝、骨等诸多珍贵文物；从文物造型来看，包括人、鸟兽、植物以及各种神话形象，这些珍贵文物的造型、用途与中原地区文物有很大的差别，但工艺水平与后者却不相上下，具有丰富的文化内涵和艺术价值，因此，三星堆遗址的发现被称为“20 世纪人类最伟大的考古发现之一”。

考古学家根据三星堆遗址中先后出土的大量的文物研究认为，三星堆文明在距今约 5000 年前就已经出现，为研究古蜀文化提供了丰富的资料。

从青铜器物中探寻三星堆古蜀文明

夸张怪异的青铜人像和面具

考古学家在三星堆遗址发现了大量的青铜人像和面具，这些青铜人像和面具面色庄严肃穆，表情神态生动，在五官雕刻上使用了很多夸张的艺术表现手法，这样别具一格的人像和面具形象很难不引起人们的好奇。

古蜀国人究竟长什么样子？他们的面部特征跟中原人（参照秦始皇陵陶俑）有什么不同？为什么古蜀人制作的青铜人像会戴着金面具……一系列问题不仅引发了考古学者、历史学者的关注与思考，也引发了许多文化爱好者的关注与思考。

在三星堆众多青铜面具中，有一类长相“夸张怪异”的青铜纵目面具引起了人们的格外关注。

这些青铜纵目面具五官夸张，双眉粗宽，双眼细长，眼珠向前柱

三星堆黄金青铜人面像

三星堆青铜人像

状纵突；鼻翼似牛鼻、微向上翘；口阔至耳根；双耳宽大、飞扬；额头有孔，推测可能装饰有精美的额饰。整个人像面色凝重、神情严峻，五官造型类似传说中的千里眼、顺风耳。

双目纵突、双耳飞扬的纵目青铜面具是为谁而制作？仿照谁的相貌而铸造？又代表了什么特殊的含义呢？关于这些问题的答案，众说纷纭，围绕着这些疑问，很多考古专家和学者也在不断进行研究，但至今尚未有统一的定论。

目前，在学术界最为普遍的一种说法是，纵目青铜面具是仿照古蜀人的先祖蚕丛而铸造的，是一种在祭祀蚕丛的活动中使用到的青铜礼器。《华阳国志·蜀志》中记载："有蜀侯蚕丛，其目纵，始称王。死，作石棺、石椁，国人从之，故俗以石棺、石椁为纵目人冢也。"这里的蜀侯蚕丛，有"纵目"的特征，青铜纵目面具或是参照了蚕丛的面貌特征浇铸而成。

三星堆青铜纵目面具

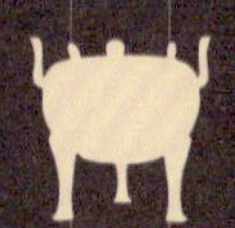

三星堆青铜纵目带冠面具（正面）

三星堆青铜纵目带冠面具（侧面）

关于三星堆青铜纵目面具的几种猜想

三星堆青铜纵目面具的夸张怪异造型是以往青铜器中未曾出现过的，因此在出土后一直备受历史文化爱好者、青铜文化爱好者的关注，也是考古学家和史学家的重要研究对象。

尽管目前关于青铜纵目面具的来源和用途尚未有统一的说法，但比较流行的几种猜想，或许能为我们更进一步认识和研究青铜纵目面具提供一些启发。

始祖说

这是一种流行最广的关于青铜纵目面具的猜想，有学者认为，青铜纵目面具是仿照古蜀人的始祖蚕丛的面貌特征所铸造的，表现了古蜀人对先祖的崇拜和纪念。

眼崇拜说

在三星堆出土的诸多文物中有一个非常普遍的特征，那就是很多人、鸟、兽形象的文物眼部特征明显，具有比例大、眼球突出的特点，有人推测这与古蜀人的“眼崇拜”有关。古蜀人生活在相对闭塞的崇山峻岭之间，生活、生产资料相

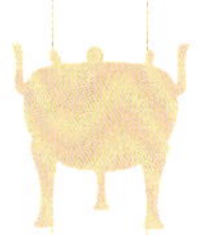

对较少，因此希望能“看得更远”，渴望与外界沟通、去更广阔的地域探索。

鸟崇拜说

古蜀人生活在山林之中，对鸟有着特殊的情感，鸟有着敏锐、精准的视觉观察力，这是古蜀人渴望获得的一种力量，早期蜀王多以鸟为名，如柏灌、鱼凫、杜宇等，突出的纵目，或许正是古蜀人对鸟图腾的崇拜，以及“目视千里”“目光锐利”愿望的具体象征。

祭祀说

古人对自然万物认知有限，很多生活、生产活动的开展与祭祀、巫术有关，古人创造的很多神话形象、图腾形象都具有形态夸张的特点，制作形象夸张的青铜纵目面具也许就是古蜀人希望与神灵对话的一种方式。

出土于三星堆遗址一号祭祀坑的青铜大立人像，是世界范围内同期体量最大的青铜人物雕像。

从青铜铸造工艺来看，三星堆青铜大立人像采用分段铸造法，分人像和底座两个部分，人像高 180 厘米。人像中空，周身服饰华丽，衣服有内外三层，外衣装饰有龙、鸟、虫、目等纹样，十分精美。

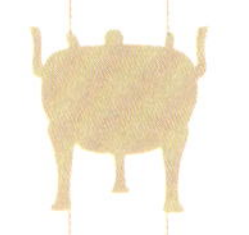

大立人像赤足站在怪兽底座上，神色庄重，头戴高冠，耳目突出，口阔，双臂胸前屈肘，双手一上一下，四指成环状，或是双手舞动，或是手握法杖，仿佛是正在发号施令的掌权者，又似乎是正在开展某种祭祀活动的祭司，具体不得而知，但从该大立人像的体量、装饰来看，一定是王权或神权的象征。

青铜大立人像属于三星堆青铜雕像群的重要组成部分，其为后世人了解和研究古蜀文明提供了重要的实物参考。

灵气精致的青铜鸟

在考古学家对三星堆的多次挖掘中，发现了很多造型精美、典雅庄重的青铜鸟。

三星堆的各种青铜鸟大小不一、形态各异，但形制结构都十分流畅、喙长而尖，冠羽硕大，纹饰清朗婉丽、精细繁密。

从文化的角度推测，在三星堆出土的各类文物中，不仅有大量青铜鸟，而且在其他材质的器物上也能看到很多鸟形纹，这些“神态闲适、气质高贵”的青铜鸟对古蜀人来说似乎有着特别的意义，有学者认为，古蜀国的人们希望通过神鸟与神对话，鸟被看作是神的使者，被视为图腾，受到人们的尊敬。

神秘的青铜神树

三星堆青铜神树的发现，为考古学家研究古蜀文明提供了更有力的证据，通过青铜神树，或许能了解数千年前古蜀人对世界万物的认知和情感。

青铜大立人像

三星堆青铜鸟（一）

三星堆青铜鸟（二）

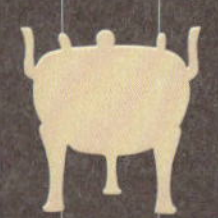

三星堆青铜鸟（三）

三星堆青铜鸟（四）

三星堆青铜鸟挂饰

三星堆青铜大鸟头

三星堆青铜神树出土于三星堆遗址二号祭祀坑。在二号祭祀坑中发掘和出土的神树有多棵，经专家修复，其中一棵高达395厘米的神树是目前为止全世界范围内发现的最早、最高的一棵青铜树，树的上端残缺，估计总高度可能达5米以上，该青铜树被命名为一号神树。另一棵青铜树破损比较严重，只有下半部分，神树下面有三座跪坐姿势的青铜人像，前臂残缺，该青铜树被命名为二号神树。

三星堆一号神树的主干大体可以分为上下三层，节节攀升，每层有三个卷曲树枝，各树枝有果，果实硕大。神树的每个树枝上栖息着一只青铜鸟，一层三只，共计九只；一条龙沿树的主干盘旋而下、蓄势待飞。

有学者根据古文献记载认为，三星堆青铜神树是古蜀人对上古神树“扶桑树”的想象和创作，据《山海经·海外东经》记载：“汤谷上有扶桑，十日所浴，在黑齿北。居水中，有大木，九日居下枝，一日居上枝。”从这一段文字描述来看，三星堆一号神树的形象与上古神话《山海经》中所描绘的扶桑树的形象非常相似。

如果一号神树是上古神话中的扶桑树，那么，树上的三层共九个树枝上的果实可能就代表九个太阳，树上端栖息着的九只鸟则可能是负责看守和托运太阳飞行的神鸟，有学者推测，神树顶部也有一只神鸟和一个“太阳”，树枝上的九个“太阳”与树顶的“太阳”轮流值守，照亮大地和人间。

一号神树上的十鸟十日，与古代“天上有十日”的神话不谋而合，古人认为，太阳由神鸟每日托起飞行，神树的形象反映了古蜀人对自然现象的认知，反映了古蜀人朴实的世界观。

三星堆青铜神树
（一号神树）

三星堆青铜神树（一号神树）细节

一号神树树干挺拔，姿态优美，结构分明，有树枝、果实和鸟，细节之处各具特色，整个青铜神树的铸造工艺十分复杂，融合了套铸、铆铸、嵌铸、铸接等多种工艺，表明了古蜀人高超的青铜铸造工艺水平。

无论是青铜铸造工艺价值还是文化价值，包括青铜人像和面具、青铜鸟、青铜神树在内的诸多出土于三星堆遗址的青铜文物，都是无价的文化瑰宝，是后世人了解古蜀文明的重要实物标本。

赏析青铜文物，从青铜文物的形制、工艺上，能了解古人的无限创造力；从青铜文物的文化内涵中，能了解古人的世界观、价值观和想象力。

尽管在面对不同地域的不同青铜器物时，仍有许多对过去文明的不确定猜测，但这些珍贵的青铜器物无疑是后世人打开历史与文化大门的一把把钥匙。

通过青铜文化探寻古老的文明，通过青铜文化了解过去的岁月中不同地域、不同时期的人们的生产、生活方式和情感认知，这正是青铜文化带给我们的宝贵财富。

第九章

赏析华夏瑰宝，
感悟青铜之美

青铜器是青铜文明的具象表现，具有青铜时代独有的文化特征，青铜雕塑作为青铜器中的精品，其独特的造型和设计是当时社会文化和思想的具体体现，是我国重要的历史文物。

修复与保养青铜器是研究和传承青铜文化必不可少的重要工作，随着现代科技的发展，青铜器的修复与保养方法也日渐丰富，在青铜修复大师们的手下，许多青铜文物碎片得以新生，后人也才得以有幸瞻仰那些破损、锈蚀、残缺的青铜文物的本来面目。

青铜雕塑艺术瑰宝

历史悠久的青铜雕塑

中国的雕塑艺术起源于新石器时代，那时候的人们将自己对自然的敬畏、对神的尊崇融入生活中，将神或动物、植物的样子雕刻在各种材质的器物上，寄托自己对生活、对未来的祈盼。原始社会时期的雕塑是在生产劳动中诞生的，既是艺术的体现，也是生活的写照。

随着青铜冶炼和铸造技术的发展，夏朝开始出现青铜雕塑。这一时期的雕塑继承了新石器时期雕塑的一些特点，无论是器物的外形还是种类，都与新石器时代的陶雕、石雕等有极高的相似度。

商周时期，随着礼乐制度的发展，一些青铜器开始被当作礼器来

使用，这就使一些器具有了独立于生活用具之外的价值，这些器具的雕刻也更加精致复杂。

当时的人们信奉神灵，祭祀的过程被看作是人与神沟通的过程，因而这一时期的青铜雕塑多带有神话色彩，人们常常将一些上古神兽雕刻在青铜器上，以此请求神的庇佑。这一时期最具代表性的青铜雕塑往往大而厚重，体积大的器物产生的视觉冲击力也会更强，厚重的器物加上繁复的雕饰，不仅增加了器物本身的神秘感，还会让人对其产生敬畏感，这也是雕刻者有意为之的结果。

秦统一六国后，奴隶制被废除，长期被奴役的人民获得了解放，青铜雕塑开始带有更多的人文主义气息，这一时期的雕塑题材更加丰富，也更能凸显人们的现实生活。

及至汉初，人民生活逐渐安定，老子无为而治的思想成为主流思想，青铜雕塑不再是一味彰显地位、国力的载体，而逐渐变成了一门独立的艺术。这一时期开始出现一些专门的雕塑饰品，雕塑本身的艺术价值开始受到重视，雕塑风格也一改之前的繁复、华贵，变得更古朴、大气。

别具一格的青铜雕塑

青铜器上复杂多变的纹饰雕刻是其最突出的特点，这些纹饰看似神秘莫测，实际有规律可循。

青铜纹饰通常采用对称雕刻的方法，比如兽面纹，以鼻梁为中轴线，左右两边对称分布。器物雕刻的整体布局也大多是对称的，如鼎的四足或边角的雕刻往往是相对而视的动物。对称的雕刻会给人庄重、严肃的感觉，因而大型青铜器多用此法进行雕刻。

对简单纹饰的重复雕刻也是青铜器雕刻的一大特点。比如云纹的重复雕刻，采用对折、回旋等多种方法，用云纹填充器物的剩余空间，因为在雕刻时会遵循一定的规律，所以不会给人以凌乱之感，宛如自然天成。

无论使用什么样的纹饰，凹凸不平的表面始终是商周时期青铜器雕刻最明显的特征。比如使用动物雕刻的青铜器上会将眼睛、鼻子、嘴巴等器官突出，形成面目的立体感。雕刻云纹时，将一部分突出放大，使平整的雕刻变得立体。这样的雕刻方式使青铜器在保持庄重的同时不会显得过于呆板，多了灵动自然的感觉。

青铜器的雕刻方法主要有三种。第一种是在器物表面做雕刻，如一些器物上的云纹、兽纹的雕刻；第二种是在器具的局部做立体的雕刻，如在钮、耳或头部雕刻动物；第三种是将整个器物做成动物或人的样子。

西周青铜鸟盖壶

西周匍雁形铜盉

领略青铜雕塑瑰宝的风采

 莲鹤方壶

莲鹤方壶，1923 年出土于河南新郑李家楼郑公大墓，是春秋时期的青铜器。

莲鹤方壶通身刻有龙、凤等纹饰，各种动物相互缠绕，精致繁复。壶盖外围雕刻着双层盛开的莲花瓣，每一片莲花都是镂空的设计，壶盖中央立着一只白鹤，白鹤望着远方，展翅欲飞。

方壶底部有两只张着口的卷尾兽托着壶，壶身两侧有一对向上攀缘的小龙，工匠巧妙地用小龙作双耳，既实用又雅致。

莲鹤方壶采用了圆雕、浅浮雕、细刻、焊接等多种雕刻方法，设计奇特，铸造工艺精湛卓越，堪称春秋时期青铜雕塑的典范之作。

人面纹方鼎

青铜鼎的雕饰多以兽面纹为主，如后母戊方鼎上雕刻着饕餮和夔纹，牛方鼎上则雕刻着犀牛纹。在湖南宁乡县出土的人面纹方鼎是目前我国出土的青铜鼎中唯一一件以人面为主要装饰的鼎。

人面纹方鼎通高 38.5 厘米，口长 29.8 厘米，鼎口比底略大，鼎的四面有棱饰，左右两端有长方形的耳，耳穿为拱形，鼎的足部为圆柱状，上面刻有饕餮纹。鼎的四面刻有四个人面浮雕，人面表情严肃，五官雕刻清晰，面宽而耳肥，嘴唇凸起，颧骨较高。

关于人面纹方鼎的铸造背景和意义，历来说法不一。有人认为，

春秋莲鹤方壶

商代人面纹方鼎

人面纹方鼎上刻有铭文“大禾”二字，因而此鼎用于祈求神灵保佑庄稼丰收；也有人认为，人面鼎中的面相是五帝之首——黄帝的面相，人面鼎是“黄帝四面”的象征，象征黄帝兼听四方、统治天下的威严与地位。

由于年代久远，信息缺失，我们只能从零星的细节中推测人面鼎背后的文化内涵，并不能得出准确的结论。然而，围绕着这只鼎展开的诸多猜测反而为其增添了更多的神秘色彩。

 铜奔马

马是汉代重要的交通工具和军用装备，在汉代颇受重视。汉武帝曾亲自作《天马歌》歌颂马的价值。由于汉代人普遍爱马，关于马的艺术作品也就不胜枚举了。但若说到关于马的青铜雕塑，铜奔马一定是最不容忽视的存在。

铜奔马是东汉末期的雕塑作品，1969 年出土于甘肃武威雷台汉墓。因其主体雕塑为马和燕子，故而又称“马踏飞燕”。

铜奔马并没有夸张的艺术设计，而是采用了写实的手法，将马与燕的雕刻都做得很逼真，是我国古代少有的写实风格的雕塑作品。

此雕塑高 34.5 厘米，宽 13 厘米，长 45 厘米，重 7.15 千克。马身形矫健、健壮有力，三只脚腾空，飞奔向前，一只脚踩着飞燕。马的整个躯体都随着奔腾的动作而紧绷，肌肉线条明显，马尾随着飞奔的动作向后飘飞。

铜奔马以飞燕为雕塑的底座，巧妙地利用力学平衡原理，解决了雕塑的平稳固定问题。健壮的马将全部重力放在了燕子身上，雕塑依

然可以保持平衡，置于平面不倒，这显然是经过精密计算的，这也体现了雕刻者技艺之高超。

铜奔马脚下飞燕的设计可以说是整个雕塑的点睛之笔，让这个雕塑从一众铜马雕塑中脱颖而出，成为最具代表性的雕塑之一。飞燕的加入使整个作品由静态转为动态，变得灵动活泼，以飞燕为底座，既有固定雕塑的实用作用，也有艺术上的美感，是我国古代艺术家在雕塑上的大胆创新。可以说，铜奔马是现实主义与浪漫主义的完美结合。

东汉铜奔马（侧面）

东汉铜奔马（正面）

青铜雕塑的分类

中国古代的青铜雕塑主要分为浮雕和圆雕两种表现形式。

浮雕可以分为高浮雕和浅浮雕，浅浮雕起位低，呈现的效果与绘画相似；高浮雕起位高，较厚，雕塑效果更加立体。圆雕又称立体雕，可供多方位、多角度欣赏。

在商周时期，中国的雕塑以浮雕为主，在器具上雕刻兽纹、云纹是这一时期雕塑发展的主流。春秋时期，逐渐开始流行以立体的蟠龙、蟠螭等动物装饰器具局部的雕刻方法，这也是中国古代雕塑发展逐渐多样化的表现，为圆雕的发展奠定了基础。

秦汉时期，圆雕雕塑品广泛流行，雕塑发展更加注重雕塑本身的艺术价值，精湛的雕塑技艺成为很多匠人的追求。这个时期著名的雕塑基本都是圆雕，如秦始皇陵的铜马车、汉代的铜奔马、长信宫灯等都是青铜圆雕的代表作品。

青铜器的修复与保养

青铜器的修复

青铜器在地下埋藏了数千年之久，在漫长的岁月里，自然会受到腐蚀与破坏，出土之后往往残缺不全。为了将这些宝物长期保存下去，就需要对其进行修复与保养。

青铜器的修复主要包括脱盐、整形、加固、拼接、补配等多个流程，对青铜器的修复要以复原为基础，不能破坏青铜器原有的样式和结构。

青铜是一种合金，在地下埋藏千年会被逐渐氧化，在表面形成腐蚀覆盖，如氧化铜、氧化亚铜、硫酸铜等不同的物质，这些一般被称

为无害锈，只要针对具体情况进行清理就可以了。而青铜器在氧化的过程中还会形成一种有害锈，即一些含氯离子的化合物，这些化合物会腐蚀青铜，将青铜器表面的纹饰和刻在上面的铭文都腐蚀掉。所以说，对这些有害锈的清除是刻不容缓的。

在以往的青铜除锈工作中，工作人员往往是根据表面锈的颜色来判断锈的成分，对其进行清除。然而这样不仅耗费的时间过长，也不够准确，一旦发生失误，就可能对青铜器造成无法挽回的损伤。随着现代科学技术的发展，青铜器除锈工作也有了新的进展，一些新技术、新材料都已经应用在了青铜除锈上。在除锈工作开始前，修复师会对青铜表面不同的锈进行成分分析，针对不同类型的锈采取不同的除锈措施。这样做就可以将青铜器表面的纹饰最大化地保存下来。

激光技术是青铜器表面清理工作中最常用的技术之一，用激光照射表面，可将附着在青铜器表面的污染物、锈斑等快速清除。激光的大小、强弱可以控制，操作方便。

针对一些腐蚀较为严重的青铜器，可以使用蒸馏浸泡的方法。在蒸馏的过程中，加入从稀土中提取的钆，这样会发生微波爆炸，从而将铜锈清除。

在清除青铜器表面的污垢之后，修复师将对青铜器做进一步的复原工作。这时一般会用 X-CT 检测技术对青铜器进行一个全方位的扫描检测，采集多个数据，这样修复师们就可以对青铜器的整体构造和雕刻技术有基本的了解，在修复时可以尽量还原青铜器最原始的样子。

三维虚拟建模技术的应用也极大地提高了青铜器的还原程度。通过激光对青铜器进行扫描，得到阵列式几何图像数据。该数据可以帮

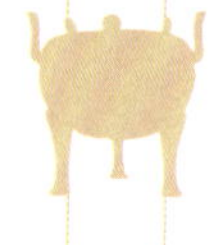

助修复师对青铜器进行准确的修复，避免造成不必要的损伤。

在修复青铜器时，将零散的部分拼接在一起也是修复师们要面对的考验，这时就需要用到焊接或粘接技术。金属性好的文物可以使用焊接或粘接技术，金属性较差的文物则只能使用粘接技术。

焊接的方法很多，在青铜器的修复中通常使用锡焊，锡焊使用铅和锡的合金材料做焊剂，因而这种方法也称作铅锡焊接法。铅锡焊接法通过在金属之间填充铅锡材料来完成拼接，可以分为直接焊接法、镀锡焊接法、分解焊接法等，修复师会根据青铜器损坏的具体情况来判断、使用不同的焊接方法。

粘接是使用胶粘剂将青铜碎片拼接在一起的方法，粘胶剂可以分为溶剂型、反应型和热熔型，青铜器修复中多用反应型的环氧类粘胶剂。使用粘胶剂时要考虑粘合的强度、固化的时间、固化后的收缩率、防腐蚀性等多个问题。

青铜器的修复方法各有千秋，每种方法都有其针对的具体情况，因此修复师要学会对症下药，在保证最大程度还原文物样貌的前提下进行修复工作，以保存青铜器原有的价值。

青铜器的保养

青铜器在经过修复师的精心修复之后，大多保存在博物馆中，这就对博物馆的保养条件有一定的要求。

由于青铜器长期处于地下，腐蚀严重，在被修复之后也很容易二次受损，因此对青铜器的保养要求较为严格。

首先环境要干燥，潮湿的环境更容易滋生细菌，对青铜器造成腐蚀伤害。要尽可能地杜绝污染，对附着在青铜器上的尘埃要及时清理，清理时最好使用软毛刷或者软毛巾，不能破坏青铜器原有的样式。

青铜器所处的空间相对温度不应过高，青铜器长期处于地下，已经适应了低温的环境，即使在出土之后，青铜器的储存环境也应当尽量与出土前保持一致，过高的温度不利于青铜器的长期存放。

另外，青铜器应尽量单独摆放，避免与其他金属接触，否则可能会对青铜器造成损伤，特别是一些酸性金属，长期与酸性金属摆放在一起，会逐渐腐蚀青铜表面。

青铜器的后续保养问题是需要专业的团队共同合作完成的。因此，培养一支技术水平较高的青铜器保养团队也是有必要的。团队成员要分工明确，做好青铜器的信息登记、定期检查等工作。对于青铜器的养护知识的学习也要与时俱进，不断更新。

青铜器是我国的重要文物，每一件青铜器都价值连城，对青铜器的保养涉及矿物学、生物学、物理学等诸多方面的知识，是一件需要长期探索的事情。相信随着科技的进步，我国对于青铜器的修复与保养会更加精准科学。

梁思成先生曾言“艺术之始，雕塑为先”，青铜雕塑作为中国先民的智慧的结晶，是中华灿烂文明的重要组成部分。青铜雕塑作为青铜时代的主流雕塑作品，体现了从商周到秦汉的雕塑风格的演变，也为后世的雕塑发展奠定了基础。

青铜器作为中国文化遗产的重要组成部分，传承千年，历史悠久，对青铜器进行修复与保养具有重要意义，每一代中华儿女都应当重视并身体力行、付诸实践。

参考文献

[1] 陈彦辉. 商周青铜铭文文体论 [J]. 文学评论，2009（4）：80–83.

[2] 陈洋，冶玉. 酒礼重光——青铜角刍议 [J]. 辽宁省博物馆馆刊，2009（1）：122–133.

[3] 董文强. 商周青铜器铭文书法艺术 [D]. 兰州：西北师范大学，2011.

[4] 杜廼松. 青铜匕、勺、斗考辨 [J]. 文物，1991（3）：61–67.

[5] 高西省. 夏代铜爵：中国青铜酒礼器之源 [J]. 寻根，2006（2）：81–84.

[6] 谷朝旭. 东周青铜敦研究 [D]. 西安：陕西师范大学，2010.

[7] 谷朝旭. 谈谈青铜爵的起源问题 [J]. 陕西历史博物馆论丛，2020（1）：35–40.

[8] 顾超. 残碎青铜斝的修复 [J]. 中国文物修复通讯，1997（13）：29.

[9] 郭宝钧. 商周铜器群综合研究 [M]. 北京：文物出版社，1981.

[10] 胡嘉麟. 两周时期青铜簠研究 [D]. 西安：陕西师范大学，2007.

[11] 胡艳津. 殷商时代的乐文化 [J]. 四川省社会科学院，2013

（2）：71.

[12] 冀克强．文物保护中青铜器的保护方法分析 [J]．东方收藏，2021（23）：62–63.

[13][英] 杰西卡・罗森著；邓菲等译．祖先与永恒：杰西卡・罗森中国考古艺术文集 [M]．北京：生活・读书・新知三联书店，2011.

[14] 李伯谦．青铜器与中国青铜时代 [M]．合肥：中国科学技术大学出版社，2018.

[15] 李梦琦，欧阳林君，崔怀猛．商周时期钺的文化价值研究 [J]．武术研究，2021（10）：25–28+43.

[16] 李少龙．青铜爵的功用、造型及其与商文化的关系 [J]．南开学报，1999（1）：77–83.

[17] 李松．中国青铜器 [M]．北京：五洲传播出版社，2008.

[18] 林曼．商代青铜器中的雕塑美学研究 [J]．雕塑，2021（1）：86–87.

[19] 刘程．商周时期青铜纹饰之图像隐喻 [J]．文艺争鸣，2010（4）：68–72.

[20] 刘萍．“四羊方尊”首次出土地在河北？[N]. 河北日报，2012–09–04.

[21] 罗坚．青铜铭文的审美意蕴 [J]．福建艺术，1999（4）：38–39.

[22] 马承源．中国青铜器（修订本）[M]．上海：上海古籍出版社，2003.

[23] 马军霞．略论商周时期青铜卣的起源问题——以罐形卣为例 [J]．考古与文物，2010（2）：60–63.

[24] 倪方六. 历史悠久的“火锅”[J]. 中学生阅读(高中版), 2014(12): 36–37.

[25] 裴书研. 试谈商周青铜壶发展演变的基本特点[J]. 考古与文物, 2015(3): 52–59.

[26] 乔美美. 商周青铜鬲研究[D]. 西安: 陕西师范大学, 2008.

[27] 任雪莉. 商周青铜簋整理与研究[D]. 西安: 陕西师范大学, 2014.

[28] 孙明. 商周时期的青铜觚及相关问题研究[J]. 中原文物, 2020(2): 99–106.

[29] 孙小娜. 商周青铜觥的造物艺术研究[D]. 武汉: 武汉纺织大学, 2017.

[30] 田远. 殷周青铜器纹饰的文化透视[D]. 西安: 陕西师范大学, 2014.

[31] 王东育. 金属工艺概述(节选)[J]. 美术学报, 2008(1): 82–83.

[32] 王倩. 青铜雕塑“马踏飞燕”的研究[J]. 艺术品鉴, 2020(26): 10–11.

[33] 王莹. 商至西周前期青铜器龙纹研究[D]. 济南: 山东大学, 2009.

[34] 王友华. 先秦大型组合编钟研究[D]. 北京: 中国艺术研究院, 2009.

[35] 武瑛, 石磊. 固原出土春秋战国青铜车马饰件研究[J]. 文物天地, 2018(7): 34–40.

[36] 谢先理．青铜铭文书体艺术嬗变之我见 [J]．书法赏译，2004（1）：26–27.

[37] 徐日辉．会说话的青铜器 [M]．武汉：华中科技大学出版社，2021.

[38] 张冲．先秦时期陶铃和铜铃研究 [D]．济南：山东大学，2014.

[39] 张翀．商周时期青铜豆综合研究 [D]．西安：西北大学，2006.

[40] 张东亮，刁丽慧．义县商代饕餮纹板足悬铃青铜俎 [J]．文物鉴定与鉴赏，2016（4）：68–69.

[41] 张静．商周青铜甗初论 [D]．西安：西北大学，2002.

[42] 张懋镕．两周青铜盨研究 [J]．考古学报，2003（1）：1–28.

[43] 张中强，龚忠玲．商周青铜器几何形纹饰的装饰艺术与文化语义 [J]．包装世界，2015（4）：82–83.

[44] 周向雨，曹斌．源于生活　高于生活　商周青铜器上的写实性动物纹饰 [J]．大众考古，2015（10）：38–44.

[45] 青铜大立人像：世界青铜雕像之王 [N]．重庆科技报，2019–10–15.

[46] 孟欣．青铜酒器上的立柱做何用 [N]．中国文化报，2013–06–06.

[47] 走，去国博看音乐 [N]．北京青年报，2020–08–28.

[48] 被誉为“国之重器”　商周青铜器凭借的不仅仅是重量 [EB/OL]. https：//m.gmw.cn/baijia/2021–12/20/1302727972.html，2021–

12–20.

[49] 国之重器丨毛公鼎（全解析）[EB/OL]. https：//baijiahao.baidu.com/s?id=1711838466179932047&wfr=spider&for=pc，2021-09-25.

[50] 国博曾仲斿父青铜方壶何以被称为“纪念碑式的壶”[EB/OL]. https：//baijiahao.baidu.com/s?id=1685136795631734842&wfr=spider&for=pc，2020-12-04.

[51] 汉代青铜器的发展和表现 [EB/OL]. https：//wenku.baidu.com/view/48d8ae306ddb6f1aff00bed5b9f3f90f77c64d5d.html，2022-03-15.

[52] 湖北省博 曾侯乙墓的青铜器 [EB/OL].http：//www.360doc.com/content/14/0506/11/13005549_375150569.shtml，2014-05-06.

[53] 金文：青铜上的历史记忆 [EB/OL].https：//www.sohu.com/a/380866809_169363，2020-03-17.

[54] 青铜时代——青铜酒器大全 [EB/OL].https：//baijiahao.baidu.com/s?id=1642102192271053061&wfr=spider&for=pc，2019-08-17.

[55] 青铜时代——青铜食器大全 [EB/OL].https：//baijiahao.baidu.com/s?id=1642177653840135147&wfr=spider&for=pc，2019-08-18.

[56] 青铜纹饰的主要分类 [EB/OL].http：//www.360doc.com/content/16/0703/18/34166444_572706156.shtml，2016-07-03.

[57] 食享冬日——西汉青铜“染”器 [EB/OL].http：//www.kaogu.cn/cn/kaoguyuandi/kaogusuibi/2015/0127/49072.html，2015-01-27.

[58]《四祀“邲”其卣》铭文新解 [EB/OL].https：//zhuanlan.zhihu.com/p/417570503，2021-10-01.

[59] 西周何尊：历史上的第一个“中国”，就刻在它身上！[EB/OL]. https：//baijiahao.baidu.com/s?id=1621797899875489198&wfr=spider&for=pc，2019-01-05.

[60] 中国古代青铜器几何纹 [EB/OL].https：//wenku.baidu.com/view/1bebca966394dd88d0d233d4b14e852458fb39e4.html，2019-03-11.

[61] 中国古代饮食器具大合集，你能认识几个 [EB/OL].https：//baijiahao.baidu.com/s?id=1654788537670647301&wfr=spider&for=pc，2020-01-04.